COMER PUEDE SER MARAVILLOSO

PIXIE TURNER

COMER PUEDE SER MARAVILLOSO

Cómo entender y reparar tu relación con la comida

Salud natural

DIANA

Título original: *Food Therapy*

Diana es un sello editorial de Editorial Planeta, S. A.
Diagonal, 662-664, 08034 Barcelona (España)
www.dianaeditorial.com
www.planetadelibros.com

Primera edición: marzo de 2025
Depósito legal: B. 3.499-2025
ISBN: 978-84-1119-228-6
Maquetación: Realización Planeta
Impresión y encuadernación: Limpergraf, S. L.
Impreso en España - *Printed in Spain*

PEFC Certificado
Este libro procede de bosques gestionados de forma sostenible
PEFC
PEFC/14-38-00305
www.pefc.es

Para todos los clientes y las clientas que han confiado en mí y me han contado sus historias y sus emociones durante todos estos años

Para todos los clientes y las clientas que han confiado en mí y me han contado sus historias y sus emociones durante todos estos años

SUMARIO

PARTE IV. Herramientas y estrategias para el cambio

NOTA DE LA AUTORA

Quería aclarar algo antes de empezar.

El lenguaje que usamos tiene un gran efecto y por eso importa tanto. Los estudios que existen en la actualidad demuestran que los términos *sobrepeso* y *obesidad* resultan estigmatizantes para las personas que viven en cuerpos más grandes. Por esta razón, voy a usar expresiones como *cuerpos no normativos* y *cuerpos más grandes* siempre que lo crea oportuno. Cuando describa el cuerpo de alguno de mis clientes, usaré el lenguaje que previamente acordé con ellos y con el que se sienten cómodos.

Quiero asegurar que tengo el permiso de mis clientes para contar las historias que comparto en este libro, y que han sido modificadas y combinadas para mantener su anonimato y cumplir con los requisitos necesarios de confidencialidad. Explico estas historias para aportar casos reales, acercar la investigación a la vida cotidiana y poder hablar abiertamente de las creencias y los sentimientos que tiene tantísima gente sobre la comida y sobre sí misma. Con esto quiero decir que, si al leerlas sientes que estoy hablando de ti, es algo que he buscado y, al mismo tiempo, pura casualidad.

INTRODUCCIÓN

La relación que construimos con la comida es una de las más largas que mantendremos a lo largo de nuestras vidas. Comemos unas cuantas veces al día todos los días, y quizá le dediquemos más tiempo a la comida que a nuestra familia, nuestra pareja o nuestras amistades. Como sucede con nuestras relaciones con otras personas, el vínculo que creamos con la comida puede ser fácil y agradable, o puede sentirse como una montaña rusa dolorosa y fuera de control que erosiona nuestra autoestima.

Mi trabajo es ayudar a las personas a que entiendan por qué se relacionan con la comida de una manera caótica y tóxica, y a darles herramientas para que este vínculo pueda llegar a darles paz. Como ocurre en cualquier relación, se puede trabajar para mejorarla; y eso es lo que vamos a hacer en este libro: estás aquí para intentar entender y, en última instancia, mejorar la relación que tienes con la comida.

«Dime qué comes y te diré quién eres», dijo Jean Anthelme Brillat-Savarin, el famoso abogado y entusiasta gastrónomo. Yo, sin embargo, voy a ir incluso un paso más allá y voy a cambiar su frase por la siguiente: «Dime qué comes y con eso me estarás diciendo quién eres, qué relación tienes contigo, con los demás; me hablarás de la cultura, de la educación que te dieron mientras crecías, de la vergüenza que sientes y de tus valores». Con esa información me hablarás de poder, de control, de emociones, de identidad, de amor, de valores, de significados y de creencias. Me estarás contando una historia: tu historia. Y, según mi experiencia, cuanto más tiempo paso con otras personas y más observo su relación con la comida, menos tiempo le dedicamos a este tema.

Todos hacemos suposiciones sobre los demás basándonos en lo que comen. Hay estudios que se realizaron en los años ochenta que demostraron la estrecha relación que existe entre lo que comemos y la concepción que los demás se hacen de nosotros a partir de esa información. Se creía que la gente que tomaba comida rápida era más religiosa, que las personas que seguían una dieta saludable tenían tendencias políticas más de izquierdas, que los vegetarianos eran pacifistas y que los *gourmets* eran liberales y sofisticados.[1] Sí, lo sé, ya han pasado unas cuantas décadas desde que se hizo el estudio, pero, sin duda, los estereotipos basados en la dieta siguen a la orden del día. Para dar un ejemplo actual, me he dado cuenta de que solemos asumir con mucha frecuencia que si una persona hace yoga, también será vegana y no nos la imaginamos comiendo mucha carne, igual que damos por sentado que si alguien hace mucho entrenamiento de fuerza, seguirá una dieta alta en proteínas en lugar de una de origen vegetal. Aún me acuerdo de que, hace unos años, se veían titulares en los medios de comunicación en los que se afirmaba que el hecho de que te gustasen los alimentos amargos, como la ginebra o el chocolate negro, significaba que tenías más probabilidades de ser un sociópata. Este dato es totalmente falso; los titulares eran una exageración de los verdaderos resultados que se extrajeron de los estudios que se hicieron, pero si dijese que la gente que disfruta del picante busca chutes de adrenalina y asume más riesgos, seguramente te lo creerías. ¿Y por qué? Pues porque el principio de base sigue vivo: sacamos conclusiones de la gente solo por lo que come.

Aunque algunos estereotipos sobre la comida se basan en algún dato que es cierto, por lo general, las ideas y los prejuicios sobre lo que comen los demás nos dicen muy poco de esas personas, pero sí mucho sobre nosotros mismos. Si no puedes evitar sentir rechazo al ver a una persona gorda comerse una hamburguesa, de lo que me gustaría hablar contigo es del miedo que te genera la posibilidad de engordar y de las creencias que te inculcaron sobre tu apariencia. Me pregunto qué aprendiste en la infancia sobre tu propia valía y si tus padres hicieron dieta. Si alguien te dice que se ha comido una tarrina grande de helado de una sentada y lo primero que piensas es: «Si no la hubieras tenido en casa, no te habría pasado», me pregunto cuáles son tus mecanismos de defensa para procesar emociones difíciles, dónde los aprendiste y si sabes de primera mano lo que es pasar hambre.

A la mayoría nos han repetido hasta la saciedad dos mentiras fundamentales mientras crecíamos:

1. «Hay alimentos buenos y alimentos malos. Si como los buenos, soy una buena persona; si como los malos, soy una mala persona».

Así escrito, puede sonar un poco drástico, pero piensa cuántas veces has oído a alguien decir: «No, gracias, no quiero pastel. Hoy me voy a portar bien» u «Hoy me he portado fatal, me he hinchado a chocolate...». Esta mentira de que los alimentos se dividen en buenos y malos ha calado tan hondo que ni siquiera nos damos cuenta de las afirmaciones tan duras que hacemos cuando decimos que comer dulce es portarse mal. Incluso afirmamos que estos alimentos son los que determinan si tenemos un buen cuerpo o uno malo, cuando en realidad eso tampoco es así. Estas narrativas se han colado en nuestra mente por culpa de la cultura generalizada de la dieta en la que vivimos: una cultura que nos enseña que nuestra apariencia y la forma de nuestro cuerpo son más importantes que nuestro bienestar físico y psicológico. La cultura de la dieta nos enseña a valorar la delgadez por encima de todo lo demás, a aspirar a ella a cualquier precio y a conectar la idea de ser delgado con la de ser buena persona.

Quiero dejar algo muy claro: la comida no tiene el poder de hacerte buena o mala persona, y no existen alimentos buenos ni malos. La calidad de un alimento siempre dependerá del contexto en el que se dé. Aunque para alguien un zumo de naranja pueda suponerle un exceso de azúcar, para otra persona quizá sea la única manera de asegurarse de que sus hijos e hijas toman una pieza de fruta y la vitamina C que necesitan. La comida siempre es algo relativo; por ejemplo, puedes morir por no beber suficiente agua o por beber demasiada, entonces, ¿el agua es buena o mala? Pues depende, porque el contexto importa.

Cuando le digo esto a la gente, normalmente se pone a la defensiva y me responde con un montón de preguntas sobre ciertos alimentos en concreto porque no me cree. El chocolate no puede ser bueno, y el azúcar tampoco, ¡vamos! (o cualquier otro alimento que le venga a alguien a la cabeza). Para que lo sepas, tengo respuesta para cualquier alimento que se te ocurra, pero la verdad es que no le veo mucho sentido a entrar en esos bucles. En cambio, la pregunta que me surge es por qué la gente se aferra tanto a la idea de que hay alimentos buenos y otros malos, a pesar de que no suele servir de nada. En vez de ayudarnos, si nos empeñamos en mantener esta narrativa, lo que solemos conseguir es sentirnos culpables y avergonzados por lo que hacemos.

2. «Hay emociones buenas y emociones malas. Si siento una mala, tengo que eliminarla o esconderla para que nadie se dé cuenta».

Algunas de las emociones que se suelen ver como negativas son la vergüenza, la tristeza, la rabia o la envidia. Como pasa con la comida, son emociones que quizá nos hayan enseñado a ver como «malas» y pensamos que por eso debemos rechazarlas. Cuando somos pequeños, oímos frases como «los niños no lloran» o «no te enfades, sabes que no me gusta», o «verás como te dé un motivo de verdad para llorar...», y aprendemos que es mejor reprimir esas emociones, evitarlas y encontramos mil maneras de conseguirlo; y una de ellas es con la comida.

A lo largo de nuestra vida, puede que aprendamos que nuestras emociones son inaceptables, así que usamos la comida para ayudarnos a gestionarlas. Quizá lo hacemos comiendo, a veces hasta que no podemos más y acabamos encontrándonos mal, o evitando comer siempre que se pueda. Quizá utilizamos la comida como medio para cambiar lo que los demás piensan de nuestros cuerpos —y con ello de nosotros como personas—. La comida no es el problema, solo un intento de solucionar un problema subyacente. Por eso deberíamos intentar entender qué hace que nuestra relación con ella sea tan dañina y no limitarnos a tratar los síntomas.

Tu cerebro utiliza la comida como mecanismo para afrontar dificultades porque quiere ayudarte, no para hacerte daño. La comida, como cualquier otro mecanismo de afrontamiento, puede tener consecuencias negativas a largo plazo, pero en el momento en el que surgen tienen una razón de ser, y esa razón es que son necesarias. Para mí, este punto es vital para que después podamos valorar por qué las estrategias que desarrollamos, como la alimentación emocional, pueden ser útiles y quizá te ayude a entender algunos de los motivos que se esconden detrás de un trastorno de la conducta alimentaria.

No hay emociones malas, cada una de ellas tiene su función y nos puede enseñar algo muy importante. La película de Pixar *Del revés* ejemplifica muy bien esta idea y muchas veces se la recomiendo a mis clientes porque ofrece el lenguaje necesario para después hablar de emociones, de recuerdos, de identidad y de mucho más.

Los personajes principales de la película son las emociones básicas (la alegría, la tristeza, la ira, el asco y el miedo) y las vemos al mando del panel de control del cerebro de Riley, una niña que se muda de casa y está pasando por los altibajos de la infancia. Aunque al principio Alegría intenta llevar las riendas de la situación y aparta al resto, sobre todo a Tristeza, al final de la película queda claro que cada personaje desempeña una importante función en la historia y en nuestras vidas. Al final, vemos que Alegría, al intentar desesperadamente mantener una visión positiva de todo y al rechazar a Tristeza, hace mucho daño; el personaje de Tristeza se convierte en esencial para la supervivencia del resto.

La tristeza puede ser muy dolorosa, pero sin ella no podríamos experimentar la verdadera alegría. Las lágrimas son un alivio y sirven para indicar a los demás que necesitamos ayuda y apoyo. Hay un momento en *Del revés* en el que Alegría y Tristeza se pierden y necesitan que su guía las ayude. Este personaje secundario ha perdido algo importante para él y se pone triste. Cuando Alegría lo ve, le dice que tiene que seguir adelante e intenta animarlo haciéndole muecas graciosas y cosquillas y proponiéndole un juego, pero no consigue su objetivo. Entonces, Tristeza se acerca y le dice: «Lo siento... Te han quitado algo que era muy importante para ti». Ante la respuesta de su compañera, Alegría resopla molesta y la reprende: «Tristeza, no le hagas sentir peor», pero su nuevo amigo responde bien a este segundo acompañamiento, ya que se ve apoyado, escuchado y siente que puede llorar sin que lo juzguen. Después, respira hondo, les dice que ya se encuentra mejor y, entonces, vuelven a emprender su aventura. Es mi momento favorito de toda la película porque creo que han encontrado una manera preciosa de plasmar el valor tan potente de una de estas emociones supuestamente «negativas».

Esta norma se aplica a otras emociones, no solo a la tristeza. La ira nos da información de lo que nos parece injusto y nos dice lo que nos importa. Si se traspasan nuestros límites, si alguien le hace daño a una persona a la que queremos, si nos parece que algo es injusto, aparece la rabia. Junto a la rabia subyace siempre un matiz doloroso, por eso suele conectarse con la tristeza o el dolor, y las personas a las que les cuesta expresar su enfado muchas veces acaban llorando.

El miedo y el asco nos protegen, ya que ambas emociones nos intentan alejar de aquello que nos puede hacer daño, incluso matarnos. El miedo activa nuestra respuesta inmediata de lucha o huida, cosa que nos permite salir corriendo cuando estamos en peligro. El asco evita que bebamos leche que se ha cortado, porque la olemos e inmediatamente nos dan arcadas, protegiéndonos de una posible intoxicación alimentaria. Todas estas emociones tienen una función y no podemos elegir sentir algunas y otras no.

Nuestras emociones son unas maestras muy importantes. La intensidad con la que las sintamos suele estar proporcionalmente relacionada con el valor y el significado que tenga para nosotros el hecho, la experiencia o la persona que las haya desencadenado. Esto puede suceder con una experiencia positiva y alentadora o una difícil y traumática. El significado que damos a las cosas es totalmente subjetivo y personal.

Las experiencias que vivimos con la comida guardan muchísimo significado para nosotros. Creemos que somos lo que comemos, porque la comida que ingerimos luego pasa a formar parte de nuestros órganos y de nuestros tejidos. La comida es una de las metáforas más potentes que tenemos, así que quizá no es tan extraño que esté tan relacionada con las emociones. Veo a muchísima gente que está tan acostumbrada a negar sus dolores o minimizar lo que le pasa que cree que los problemas que tiene con la comida son solo eso: problemas con la comida. Eso es quedarse en la superficie, ver solo la punta del iceberg y negar la existencia de lo que se esconde bajo el agua. Cuando la gente siente que su relación con la comida le está haciendo daño, cree que, si soluciona el problema con su alimentación, todo lo demás que está pasando en sus vidas mejorará también. Esto me recuerda al paciente gay con homofobia interiorizada que tiene tanto miedo a hablar de la vergüenza que siente que se centra en lo que comió la semana pasada; en la joven traumatizada y desnutrida que me pregunta cada semana: «¿Estás segura de que me va bien comer tanto?» cada vez que hablamos de su padre; de la profesional enfocada en su carrera que asegura que no quiere empezar a conocer gente y tener citas hasta que no haya perdido peso y que intenta quitarle importancia a la historia de su ex, que la maltrataba, porque ya es «agua pasada».

Te aviso ya de que, en este libro, la intención que tengo no es la de quedarnos en la superficie: lo que quiero es que exploremos todo el iceberg, no solo lo que queda expuesto a la vista de todos. De lo contrario, nos estaríamos haciendo un flaco favor.

Cuando empecé a trabajar como nutricionista, pensé que los clientes que iban a venir a mi consulta me pedirían ayuda para estar más sanos, que habían leído información errónea en las redes sociales y querían asegurarse con una profesional. Me imaginé que les pediría diarios de comidas y que les prepararía análisis nutricionales de los macro y micronutrientes que les iría bien consumir al día, pero muy pronto descubrí que eso no era lo que ocurría. A menudo llegaban personas que mostraban señales de problemas emocionales más profundos, detalles que apuntaban algún tipo de trauma que aparecía más adelante durante nuestras sesiones, y una capa de normas alimentarias sobre una vergüenza muy interiorizada. Podía percibir todas estas historias ocultas, latentes bajo la superficie, e incluso veía que, a veces, conseguían abrirse paso entre las lágrimas de los pacientes mientras me contaban alguna anécdota de su infancia, y sabía que lo único para lo que estaba cualificada era para escuchar. Eso tenía que ser suficiente. Pero no lo era.

La mayoría de las personas que vienen a mi consulta lo hacen porque quieren mejorar su relación con la comida. Cuando les explico el proceso que sigo, lo describo como un poco parecido a una cita médica y mucho como a una terapia, o simplemente como una «terapia de psiconutrición». En realidad, lo que pueden esperar en las sesiones dependerá de lo que traigan a la consulta. Sí, sin duda hablaremos de comida y de lo que comen, pero le dedicaremos mucho más tiempo a entender por qué. Acuden a mí para solucionar sus problemas con la comida, pero a la hora de la verdad podemos pasar semanas y semanas sin hablar del tema en absoluto. Muchas veces, el comportamiento y las creencias de alguien sobre la comida son un indicador de quién es como persona, de las experiencias que vivió en la infancia, de su regulación emocional y de lo que le han enseñado sobre sí mismo. La comida es solo el síntoma obvio de un problema emocional más profundo, por eso muchos buscan a un nutricionista y acaban encontrando un terapeuta nutricional.

En el Reino Unido, casi se pueden contar con los dedos de la mano los profesionales especializados tanto en psicología como en nutrición, y yo soy uno de ellos. Primero me formé en nutrición, con un máster en Londres; más tarde decidí profundizar en el tema con estudios sobre alimentación intuitiva, imagen corporal y trastornos de la conducta alimentaria. Me saqué los títulos oficiales en terapia de aceptación y compromiso (ACT, por sus siglas en inglés) y en terapia cognitiva conductual para trastornos alimentarios, antes de sumergirme totalmente y formarme más para trabajar como psicoterapeuta y terapeuta. Soy de las pocas personas en el Reino Unido que consiguen unir la brecha que existe entre la terapia y la alimentación.

Atiendo a clientes en sesiones individuales en mi consulta de Londres y en línea por todo el mundo. Mis clientes han influido enormemente en mi trabajo y por eso quiero compartir algunas de sus historias aquí.

Las historias que nos contamos sí importan. Como seres humanos que somos, respondemos muchísimo más a estas narrativas que a los hechos. Las personas que vienen a mi consulta suelen tener una relación complicada con la comida; algunas nunca han hecho terapia antes (y me aseguran que no tienen ningún interés en hacerla); otras, en cambio, sí, pero quieren hablar con alguien experto en nutrición. Acabo tratando con personas que, por un motivo u otro, no han podido o no han conseguido que se las diagnostique de un trastorno de la conducta alimentaria, y que acaban siendo olvidadas por el sistema sanitario y pagando las consecuencias.

Estas son las personas que vienen a verme y pasamos meses, a veces incluso años, trabajando en nuestras sesiones centradas en psiconutrición mientras intento ayudarlas a entenderse mejor y a sentirse más cómodas con la comida y la alimentación que llevan en su día a día. Hablamos de comida, sí, pero también de mucho más. Sin sus vivencias, el trabajo que hago hoy en día no sería el mismo y, con su consentimiento, me gustaría compartir algunas de ellas en este libro, porque cada una es importante.

Antes de acabar, me gustaría dejar claro que no creo que la alimentación emocional «se arregle» si conseguimos dejar de comer en momentos de estrés, de aburrimiento, de enfado, de soledad o de tristeza. Muchas veces comemos cuando tenemos hambre, pero no de comida, sino de algo que nos falta en nuestras vidas. No creo que consigamos frenar una alimentación restrictiva y caótica si no nos paramos a analizar y resolver las razones que nos han llevado a ese punto. Quiero ayudarte a entender tus razones, descubrir «de qué tienes hambre» realmente y que veas por fin que la cosa va mucho más allá de la comida.

Instrucciones de uso para este libro

He dividido el libro en cuatro apartados. Primero identificaremos qué tipo de relación tienes con la comida, no porque necesites una etiqueta, sino para animarte a explorar dónde te encuentras en este momento y que empieces a observar con más detalle tu propia experiencia. Después hablaremos de las causas más habituales de los trastornos alimentarios que veo en la consulta. El tema de la nutrición es muy complejo y, aunque para algunas personas puede haber un único evento significativo en su vida, para muchas otras habrá toda una serie de factores que se entremezclen y que hayan ido sumando hasta dañar gravemente la relación que tienen actualmente con la comida. Una vez que hayamos analizado todo esto, pasaremos a identificar las barreras que pueden estar impidiéndote tener o perseguir una mejor relación con la comida y contigo. Y, para acabar, te presentaré diferentes herramientas y estrategias que quizá te apetezca poner en práctica en tu día a día. Te animo a que no te saltes este apartado porque, en general, para encontrar buenas soluciones, primero necesitamos saber cómo hemos llegado al punto en el que nos encontramos y a qué nos enfrentamos. El primer paso es detenerse, observar, explorar con curiosidad y esto nos permitirá avanzar mejor.

Antes de seguir, lee estas preguntas e intenta recordarlas:

- ¿Cómo describirías tu relación con la comida?
- ¿Dónde aprendiste a relacionarte así con ella? (En origen).
- ¿Qué te impide trabajar para construir una mejor relación? (Barreras).
- ¿Qué puedes hacer para cambiar esta situación? (Soluciones).
- ¿Cuál es tu historia con la comida?

¿Estás preparado para explorar y descubrir cosas nuevas?

PARTE I

La comida y tú

CAPÍTULO 1

Prepara el contexto

Cuando una persona se sienta por primera vez en el mullido sillón que hay frente a mí, empiezo la sesión con esta petición: «Cuéntame por qué estamos aquí hoy». Con ello intento realizar una invitación abierta para que me explique su historia de la manera que quiera y que le permita sentirse cómoda. Puede que lo que me cuente no sea la historia más concisa, hilvanada y ordenada, pero me la explica tal y como la tiene en la cabeza, de manera natural, sin pulir y sin filtros, que es justo lo que busco.

Si tuviese que describir los problemas que me traen las personas con las que trabajo y su relación con la comida, por lo general nombraría una o más de estas categorías: alimentación desordenada, alimentación emocional, dietas crónicas y preocupación por la imagen corporal. Estas casillas no se pueden separar, ni muchísimo menos, están interconectadas, sin duda, y en el caso de la mayoría de mis clientes solemos marcar al menos dos de ellas. Por ejemplo, una mujer en la treintena puede que haya estado haciendo dietas desde los doce años, que tenga un largo repertorio de duras normas sobre su alimentación que no dejan de atormentarla, que coma para gestionar el estrés y la ansiedad, y que sienta rechazo por su cuerpo.

Aunque sepa identificar los patrones que sigue la gente que viene a mi consulta, mi objetivo no es diagnosticarla, sino que me cuente su historia. Si una persona ha encontrado una etiqueta que le encaje y que tenga sentido para ella, entiendo que es su perspectiva y su elección, y siempre la voy a respetar. En este libro, he usado las categorías que enumero a continuación por si resuenan en ti y te ayudan a encontrar las palabras necesarias para contar tu historia. Mientras las lees, fíjate en qué te llama la atención y con qué partes conectas más.

Alimentación desordenada

La alimentación existe en un continuo. En un extremo tenemos la alimentación «normal»: es un tema que no ocupa mucho espacio en nuestra mente, no nos produce ansiedad, es flexible, encaja con nuestra vida social y le sienta bien a nuestro cuerpo. En el extremo opuesto tenemos un trastorno de la conducta alimentaria con indicios clínicos suficientemente graves para hacer un diagnóstico. Pues bien, entre estos dos puntos, encontramos la alimentación desordenada, pero la pregunta es dónde acaba la alimentación normal y dónde empieza la desordenada. Y es una cuestión difícil de responder... Podría afirmar que cruzamos el umbral cuando sentimos ansiedad por temas relacionados con nuestra alimentación, pero incluso entonces también se dan excepciones: por ejemplo, si tienes alergias, salir a comer a un restaurante puede ponerte de los nervios porque ello conlleva un riesgo, sobre todo si has tenido malas experiencias. ¿En qué punto la alimentación desordenada se convierte en un trastorno? Pues, como pasa con todos los trastornos psicológicos, se sigue la lista de criterios que escribieron un grupo de señores con traje y corbata en una oficina en 1952: si los cumples, ¡pues ya está, ya tienes un diagnóstico! Hoy puedes acceder al tratamiento (o al menos apuntarte en una lista de espera interminable para recibirlo). Muchas veces, que te diagnostiquen o no depende del índice de masa corporal (IMC), a pesar de que la raíz de los trastornos alimentarios es un trastorno psicológico. Prestamos más atención a las consecuencias físicas de los trastornos de la conducta alimentaria que a su manifestación psicológica real, hasta el punto que tenemos un diagnóstico diferente para la «anorexia nerviosa» y la «anorexia atípica», y esta última etiqueta lo único que demuestra es el grado de gordofobia que existe en la sociedad. Hay mucha gente a la que no la han podido diagnosticar justo por esta razón: porque se considera que su IMC es demasiado elevado. Es uno de los desagradables efectos que tiene el sistema. En mi opinión, las prioridades están totalmente invertidas: si bien es verdad que, en ciertas ocasiones, la salud física debe priorizarse debido al riesgo real de peligro o muerte, este enfoque solo soluciona los síntomas obvios que presentan los trastornos de la conducta alimentaria, pero no los problemas que subyacen a dicha condición. Si lo que queremos es una recuperación real, solo la conseguiremos si aligeramos la carga de los componentes psicológicos que desencadenan el trastorno alimentario para que la persona pueda hacer vida normal y sentirse tranquila con la comida. En resumen, podríamos decir que el trastorno de la conducta alimentaria es un diagnóstico, y la alimentación desordenada es una descripción de un comportamiento. En mi consulta, no necesito hacer un diagnóstico para trabajar con un cliente; de hecho, no hago diagnósticos, trabajo a partir de la historia que me cuenta la persona que tengo delante. Por este motivo voy a hablar de *alimentación desordenada* como una categoría general que incluye trastornos alimentarios, pero sin dejar al margen a aquellas personas que no pueden o no quieren ser diagnosticadas. Para mí, todas las experiencias son válidas.

Entre las señales y los síntomas que podrían indicar que tienes una alimentación desordenada encontraríamos los siguientes: ansiedad ante ciertos alimentos, fluctuaciones crónicas de peso, rituales rígidos con la comida o situaciones que están relacionadas con ella, sentimientos de culpabilidad y vergüenza después de comer, comportamientos compensatorios después de comer alimentos prohibidos y la preocupación por el peso y la apariencia física.

Algunos efectos secundarios de la alimentación desordenada incluyen ansiedad, depresión, baja autoestima, obsesión con la comida, incapacidad de cambiar el mundo porque tu mente está demasiado ocupada pensando en tu cuerpo y lo que comes, malnutrición, deficiencia de nutrientes y osteoporosis.

Indicios potenciales de alimentación desordenada

- Ansiedad al pensar en ciertos alimentos o situaciones relacionadas con la comida (como una cena imprevista).
- Dedicar muchísimo tiempo a leer las etiquetas de los productos.
- Hábitos y normas muy estrictos sobre la comida y el ejercicio.
- Sentimientos de culpa y vergüenza conectados con la comida.
- Preocupación por la comida, el peso y la imagen corporal que repercuten negativamente en tu calidad de vida.
- Sentimiento de pérdida de control cuando se trata de comida.
- Hacer ejercicio, prohibirse alimentos, realizar ayunos o purgas para «compensar» la ingesta de ciertos alimentos.
- La comida es lo que determina lo bien o lo mal que te sientes durante el día.

Alimentación emocional

La alimentación emocional es un tema que genera mucha confusión. Si haces una búsqueda rápida en Google, te aparecerán un sinfín de artículos sobre «Cómo acabar con la alimentación emocional», como si eso fuese posible o incluso deseable. Con este tipo de concepción no vamos a llegar a ninguna parte. Quiero que esto te quede claro: comer por un tema emocional no es más que un síntoma de tu humanidad. Y si todos usamos la misma herramienta es porque funciona. Cuando alguien nos deja, ahogamos nuestras penas en un bote de helado a lo Bridget Jones; cuando nos estresamos mucho, comemos chocolate; cuando estamos tristes, pedimos una buena *pizza*; cuando echamos de menos nuestra casa, comemos cosas que nos hagan sentir que estamos allí. Es normal tener este tipo de respuestas cuando algunas emociones nos sacuden con fuerza. Sin embargo, como pasa con todo lo demás, a veces llega un punto en el que algo que nos ha sido útil en un momento deja de serlo y empieza a hacernos daño. Sobre todo cuando dependemos tanto de la comida para gestionar las emociones, este recurso acaba desregulándonos emocionalmente y genera problemas en nuestra vida.

La alimentación emocional es un tema que suele investigarse y debatirse en el contexto de comer en exceso y el aumento de peso. Sinceramente, este enfoque me aburre soberanamente, además de reducir los matices del comportamiento humano a un tema puramente estético que solo sirve para fomentar la «epidemia» no contagiosa de cuerpos que según la sociedad no son deseables. Esta es la regla que se sigue: alimentación emocional = ingesta excesiva de comida = aumento de peso = problema. Incluso hay estudios sobre el tema que parten del supuesto que la alimentación emocional (que se define como la ingesta de alimento que se hace en respuesta a emociones negativas) es una respuesta fisiológica desregulada cuando se sienten emociones intensas por el simple hecho de que difiere de la respuesta humana «típica»: por ejemplo, perder el apetito cuando estamos tristes. A mí ya me han surgido mil dudas: ¿y qué pasa con las emociones positivas? No solo reaccionamos y comemos al sentir las negativas. ¿Por qué damos por sentado que la emoción tiene que ser intensa? ¿Por qué asumimos que todos los cuerpos reaccionan igual a las emociones? No todo el mundo pierde el apetito. Es más, ¿por qué damos por sentado que la alimentación emocional significa que vamos a comer más de la cuenta? Según mi experiencia, no es así. Y lo más importante de todo: ¿por qué nos limitamos a señalar que es algo malo en vez de intentar entender por qué está ocurriendo?

Existen diferentes tipos de alimentación emocional dentro del espectro. En el lado más benigno tendríamos el hecho de comer por placer, cuando no tenemos hambre, pero aun así lo hacemos por gusto. Sinceramente, pondría la mano en el fuego a que muchos de nosotros lo hacemos casi cada día. Entendemos que la comida tiene que estar buena y nos gusta disfrutarla. En el siguiente escalón, encontramos el hecho de comer para sentirnos mejor. ¿No te parece una maravilla que la comida nos ayude a cuidarnos y autorregularnos cuando no tenemos otros recursos? Esa agradable sensación que te embarga cuando tienes el estómago lleno suele estar relacionada con un sentimiento de comodidad, seguridad y satisfacción. Es un antídoto efectivo a corto plazo para evitar el sentimiento de vacío. Si nos acercamos un poco más al lado más destructivo, vemos que también están las ganas de comer para distraernos. Nos puede ayudar a superar el aburrimiento, apartar de nuestra mente pensamientos o sentimientos incómodos, o simplemente darnos algo que hacer. El siguiente paso es comer para sedarnos, para dejar de sentir. Cuando las emociones son difíciles y las consideramos inaceptables, la comida nos ayuda a reprimirlas, a meterlas debajo de la alfombra para no tener que sentirlas. Aun así, de nuevo, sabemos que funcionan a corto plazo, pero no a la larga, claro. Para acabar, la forma más destructiva de todas es la que tiene lugar cuando comemos para castigarnos. En este caso, el motivo que nos empuja a comer es la creencia de que hemos hecho algo malo y merecemos sufrir las consecuencias. Es una manera de autolesionarnos que suele producirse por sentimientos de desprecio hacia nosotros mismos.

La investigación que se ha realizado en el campo de la alimentación emocional es relativamente reciente y, por lo general, es bastante confusa y no resulta muy útil. Existen diferentes cuestionarios sobre el tema y sistemas de puntuación; sin embargo, ninguno de ellos consigue medir con fiabilidad este tipo de conductas.[1] Si nos centramos en el extremo más destructivo del espectro de la alimentación emocional, el que suelo ver más en mi consulta, lo que yo entiendo por alimentación emocional es comer como respuesta a ciertas emociones que, por algún motivo, creemos que no deberían estar ahí y por eso intentamos evitarlas. Cuando comemos, tapamos esas emociones y así no tenemos que sentirlas.

Eso sí, cuando alguien viene a mi consulta y me dice que tiene problemas con la alimentación emocional, no doy nada por sentado; mi objetivo en ese momento es intentar entender exactamente qué quiere decir con eso la persona que tengo delante. Lo que intento es que me dé su propia definición y su visión de lo que está pasando en su vida y en su cuerpo. Las explicaciones y la visión de la situación que comparta conmigo me sirven de base para el trabajo que haremos. Así me aseguro de que empezamos desde el mismo punto y con la misma perspectiva.

Cuando hablamos de alimentación emocional, el problema no está en la comida, sino en el hecho de que estamos intentando reprimir nuestras emociones; la comida es la solución. Hacemos lo mismo con el alcohol, las drogas, la limpieza, el trabajo o el ejercicio físico: los usamos como estrategia de distracción o represión. Estos mecanismos de gestión emocional no son «malos» en sí mismos, sino que pueden ser útiles o perjudiciales, y eso puede cambiar según el momento. Dicho de otro modo, la alimentación emocional puede ser un intento de saciar un hambre metafórica y simbólica con la sensación de saciedad física.

Señales potenciales de la alimentación emocional

- Comer cuando sientes estrés, tristeza, enfado, aburrimiento, soledad o ansiedad.
- Comer para cambiar o redireccionar una emoción.
- Comer para dejar de sentir una emoción.
- Buscar consuelo y alivio en la comida.
- Comer sin saber realmente por qué lo haces.
- Sentir culpa y vergüenza después de recurrir a la comida.
- Comer cuando no hay hambre física real.

Cronificación de las dietas

La cultura de la dieta que absorbemos de nuestra sociedad nos enseña que, si nuestros cuerpos ocupan demasiado, tenemos que hacer algo para disminuir su tamaño, por nuestra salud, nuestra felicidad, nuestro éxito y para que le parezca atractivo a los demás. Nos meten en la cabeza que tenemos que hacer dieta, la que sea, lo importante es que funcione y disminuyamos de tamaño y de talla. A algunas personas, parece que esto les funciona; sin embargo, para la gran mayoría, cada ciclo en el que sigue una dieta, cada vez que pierde peso y lo vuelve a ganar, acaba haciendo que pese más que antes.

En mi consulta veo a muchas personas que han cronificado su alimentación a base de dietas, personas que quizá llevan siguiendo dietas desde los ocho o los nueve años y ahora están hartas de las restricciones. A veces tenemos que hacer lo mismo diez veces antes de parar y poder plantearnos que quizá haya otra manera, una manera que nos permita vivir sin dietas restrictivas con mil normas sobre los alimentos. No trabajo con objetivos de pérdida de peso, no ofrezco planes restrictivos ni consejos para quitarse kilos de encima. Mis clientes ya lo saben cuando vienen a verme; de hecho, vienen justamente por eso: porque las dietas no les han funcionado y buscan otra alternativa, incluso aunque la idea de dejar de hacerlas les parezca una verdadera locura.

Catalogar la cronificación de las dietas como un tipo de alimentación desordenada sigue debatiéndose. No me arriesgaría a decir que seguir cualquier tipo de dieta es una manera de mostrar que la persona tiene una alimentación desordenada, pero el hecho de que se haga de una manera crónica y repetida me parece un matiz importante que lo diferencia. Algunas personas creen que demuestra cierto punto de locura, al repetir lo mismo una y otra vez esperando un resultado diferente, pero también es cierto que son ellas las que reciben la presión de una sociedad que les dice que tienen que seguir intentando moldearse a la imagen que se espera de ellas. A esto le tenemos que sumar el estrés que puede aparecer cuando enlazamos dieta tras dieta y no sabemos si el restaurante que han elegido nuestros amigos tendrá algo en la carta que podamos comer o el hecho de que nos amargamos la noche que salimos porque nos pasamos la mayoría del tiempo contando calorías.

Si ves que pruebas una dieta, pierdes algo de peso y luego lo vuelves a ganar, y eso te hace retomar el ciclo de nuevo al poco tiempo, estás pasando por lo que se conoce como *cambios cíclicos de peso*. Aunque esto tiene el aparente beneficio de poder decir «al menos la gente no creerá que me quedo de brazos cruzados y que no lo intento», conlleva riesgos para la salud, sobre todo para la salud mental, ya que las personas que entran en estos cambios de peso tienden a tener un bienestar mental inferior al de aquellas que mantienen su peso, incluso si tienen un peso más elevado. También hay estudios recientes que sugieren que los cambios de peso cíclicos aumentan el riesgo de sufrir enfermedades cardiovasculares.[2]

En mi experiencia, a menudo escucho a las personas decir que quieren dejar de hacer dietas, pero sienten que deben hacerlas porque es lo que se espera de ellas, aunque realmente están hartas. Buscan una alternativa, pero tienen miedo, lo que crea esta situación de tira y afloja entre las ganas y el miedo. A veces lo que conocemos, aunque nos haga sentir fatal, nos parece más seguro que lo desconocido, pero, al final, tenemos que dar el salto. El hecho de que estés leyendo estas páginas seguramente indique que estás preparado. Quizá ya sea el momento.

Señales potenciales de que es hora de dejar las dietas atrás

- No puedes más con ellas.
- Eres capaz de reconocer que no te han funcionado a la larga.
- Ya no eres capaz de seguir las normas de las dietas como antes.
- No tienes mucha esperanza de que vayan a funcionar.
- No quieres hacer dieta, pero no sabes qué otra opción te queda.
- No quieres hacer dieta, pero tienes miedo de lo que pueda pasar si no la haces.
- No quieres que tus hijos te vean hacer dieta.

Preocupación por la imagen corporal

Entendemos por *imagen corporal* los pensamientos, las emociones, las percepciones y las creencias que construyen el propio concepto que tenemos de nuestro cuerpo. Es la experiencia subjetiva de *estar en* nuestro cuerpo. Tener una mala imagen corporal, o insatisfacción corporal, desgraciadamente es muy habitual y se manifiesta cada vez antes en niños y niñas, y puede mantenerse durante toda una vida. Se caracteriza por una visión pesimista, una voz crítica, la falta de aceptación, la comparación y la vergüenza. Algunas muestras y efectos pueden ser mirarse constantemente en el espejo, tocar o pellizcar algunas partes del cuerpo, ser incapaz de aceptar halagos o tener una alimentación desordenada.

Vivimos en una sociedad que equipara nuestra salud con la apariencia física, y la apariencia con nuestro valor como personas. Atribuimos un sinfín de ideas preconcebidas y juicios morales y de valor cuando vemos un cuerpo, lo que nos coloca bajo la enorme presión de existir y encajar en unos márgenes muy estrechos de lo que se entiende que es la belleza, la deseabilidad y la salud. Y el problema es que el estándar de belleza actual es inalcanzable para la mayoría de la población.

La preocupación por la imagen corporal y la alimentación suelen ir de la mano. Al fin y al cabo, lo que comemos acaba convirtiéndose en nuestros órganos, nuestros tejidos y nuestras células. La imagen corporal negativa suele ser un factor clave (y un predictor) de una variedad de problemas de la salud, como son la depresión, los trastornos de la conducta alimentaria y el trastorno dismórfico corporal.* Las personas que están insatisfechas con su cuerpo tienen más posibilidades de desarrollar conductas alimentarias poco saludables y tienden a no cuidarse.

Por otra parte, la imagen corporal positiva no es simplemente la ausencia de imagen corporal negativa; tampoco es tan sencillo como sentirse bien con tu cuerpo todo el rato, todos los días del año. Eso no sería muy realista. Tener una imagen corporal positiva significa que partimos de una visión optimista, una buena autoestima, una gestión adaptativa y resiliencia, que aceptamos nuestro cuerpo independientemente del peso o las imperfecciones que veamos, y que, además, lo respetamos y lo demostramos porque manifestamos conductas que fomentan su bienestar. Cuando he visto a gente poner estos recursos en práctica, está mucho más satisfecha consigo misma.

Quizá lo que te ha venido a la cabeza ahora mismo es algo como «bueno, si adelgazo, mejoraré mi imagen corporal», pero me temo que la cosa no acaba de funcionar así... Al principio, puede que sí, el mundo te tratará mejor si tienes un cuerpo más delgado: reducirás las probabilidades de que alguien te diga algo por la calle, tendrás más probabilidades de que te contraten, de encontrar pareja y de que los profesionales sanitarios escuchen lo que tienes que decirles sin que le echen la culpa de todo a tu peso.[3]

* El trastorno dismórfico corporal es un trastorno ansioso relacionado con la imagen corporal, en el que la persona se obsesiona con defectos que percibe en su apariencia, hasta tal punto que altera su vida.

El mundo es más fácil de navegar si no tienes una talla grande, y por mucho que te quieras no vas a hacer que la discriminación desaparezca. Aun así, quiero insistir en que la imagen corporal es algo complejo, y la manera en la que nos perciben y nos tratan los demás solo es un factor. He visto a demasiada gente al borde de la desesperación diciéndome que no le gustaba tener un cuerpo no normativo, pero que, cuando conseguía reducirlo, su opinión sobre él no mejoraba, y que ahora que vuelve a no encajar en los cánones de salud y belleza se gusta aún menos. Los cuerpos cambian, pero la visión negativa que tienen las personas de sí mismas no. Esto me da una información clara: *el problema no está en la apariencia corporal*. El cambio no tiene que ser estético, sino interno, tiene que trabajarse para que se dé en la mente, a través del entendimiento, la aceptación y la compasión.

Una de las razones por las que quiero hablar de la imagen corporal aquí es porque las emociones pueden almacenarse en el cuerpo, y eso puede producir una reacción física. Por ejemplo, el asma es cincuenta veces más prevalente en niños traumatizados que en los que no lo están.[4] Los síntomas del síndrome del intestino irritable (SII) o colon irritable suelen ser habituales en personas con trastornos de la conducta alimentaria, sobre todo durante la recuperación, en parte debido al estrés y a la ansiedad relacionados con el hecho de comer. La ansiedad puede sentirse como dolor de estómago o como si alguien te estuviera oprimiendo los pulmones; el *shock* puede sentirse en el cuerpo como un puñetazo en el estómago; el estrés, como un peso sobre nuestras espaldas; y el duelo, como si alguien nos desgarrara el corazón. Algunos de estos cuadros se originan en la respuesta de lucha o huida, ya que el estrés agudo genera un aumento en la frecuencia cardiaca, la dilatación de las pupilas y la activación muscular. Otro factor es la unión que existe entre el cerebro y el intestino: la comunicación bidireccional entre el intestino y el cerebro nos ayuda a explicar por qué sentimos «mariposas» en el estómago cuando estamos nerviosos. Pero la cosa va mucho más allá: los expertos han localizado qué zonas del cuerpo se activan cuando sentimos ciertas emociones, y los patrones son sorprendentemente consistentes entre diferentes personas.[5] Aunque no acabamos de entender exactamente por qué, nuestros cuerpos nos pueden ayudar a identificar y a entender lo que sentimos.

Cuando recurrimos a la comida para aliviar una emoción o para intentar esconderla, lo que hacemos es tragarnos literal y simbólicamente nuestras emociones con comida y meterlas en el estómago para que podamos digerirlas. La sensación que se genera cuando la sangre recorre el cuerpo para llegar al estómago y los intestinos para concentrarse en la digestión puede ofrecernos calidez y alivio, pero también puede ser dolorosa si hemos comido demasiado. Como sentimos este dolor, vemos nuestro estómago hinchado en el espejo, recordamos que han sido nuestras manos las que nos han dado de comer y acabamos echándole la culpa a nuestro cuerpo. Se convierte en el chivo expiatorio, en el escenario en el que tiene lugar el espantoso acto de comer y desde el que ofrecemos el espectáculo a los demás. Nuestro cuerpo se convierte en la diana de las críticas.

Señales de una imagen corporal negativa

- No respetas tu cuerpo.
- No te sientes bien con él.
- Crees que tu cuerpo no tiene partes buenas o, si las tiene, son muy pocas.
- Tu cuerpo te avergüenza.
- Intentas ignorar sus necesidades.
- Tu comportamiento demuestra la actitud negativa que tienes hacia tu cuerpo; por ejemplo, te tapas incluso en verano, tienes una postura encorvada e intentas evitar que la gente te mire.
- Sientes incomodidad al estar en tu propia piel.
- Sueles comparar tu cuerpo con el de los demás.

Ahora te puedes hacer una idea mejor de la relación que has creado con la comida, además de la imagen corporal que tienes. Te he ofrecido los términos y los conceptos para que puedas describir ambas mejor (si es que decides que quieres usarlos) y espero que también hayas entendido que, lamentablemente, tu situación no es algo aislado, sino que es muy común. En este punto deberías poder responder a nuestra primera pregunta importante: ¿cómo describirías tu relación con la comida?

Ahora toca profundizar un poco más y dar otro paso al frente con la siguiente pregunta: ¿dónde aprendiste esta relación con la comida? Es hora de que investiguemos con más detalle de dónde proviene todo ello para que así puedas entender mejor tu historia con la comida.

PARTE II

Los orígenes de los problemas con la comida

CAPÍTULO 2

Trauma

Cuando la escritora Roxane Gay vivió una experiencia realmente traumática en su infancia, su respuesta fue comer. En su potente biografía *Hambre: memorias de mi cuerpo*,* narra: «[Comía] para convertir mi cuerpo en una fortaleza».

Y la verdad es que la entiendo perfectamente.

Tipos de trauma: «Con *T* mayúscula» y «con *t* minúscula»

El trauma es una respuesta emocional y psicológica a una experiencia que vivimos que nos alarma o estresa de una manera desproporcionada. A veces, la experiencia puede cambiar nuestras vidas para siempre y dejar secuelas a largo plazo en nuestra psique. Aunque quizá tengamos alguna idea «oficial» y vaga de lo que es un trauma y de lo que no lo es, considero que depende muchísimo de cada persona. Si vives algo como una experiencia traumática, es real y voy a creerte al cien por cien. En psicología a veces hablamos de traumas con *T* mayúscula y con *t* minúscula. Los Traumas con *T* mayúscula incluyen experiencias que normalmente se asocian con el trastorno de estrés postraumático (TEPT), como el abuso sexual, el maltrato físico y situaciones de riesgo mortal como los desastres naturales.

* Capitán Swing, 2018.

Los traumas con *t* minúscula no suelen encajar con las señales que se producen en los casos de TEPT, pero aun así tienen un impacto real y pueden alterar la vida de las personas. Entre otros ejemplos, podríamos hablar del acoso, del maltrato emocional y de las rupturas difíciles. Para algunas personas, la exposición repetida a este tipo de traumas puede tener consecuencias más graves que un solo Trauma con *T* mayúscula.

En mi consulta, me suelo encontrar con dos tipos de personas que han experimentado lo que es el trauma en sus vidas. Unas vienen con una historia clara: «Viví *x* experiencia traumática y ahora mi relación con la comida es así». Las personas del segundo grupo se sientan delante de mí y me cuentan su historia con la comida para después, cinco minutos antes de que se acabe la sesión, removerse en su asiento incómodas, mirar el reloj y decirme: «No sé si esto tendrá algo que ver, pero...» y aparece una pieza clave del puzle. Aparentemente, no ven la conexión real entre los dos eventos y, aun así, tienen el instinto de querer contármelo. Todas estas personas acuden a mi despacho para hablar conmigo de comida, pero al final acabamos hablando de mucho más.

Cuando Roger era pequeño, su padre le pegaba a conciencia cada vez que cometía lo que él consideraba un «error» o hacía cualquier cosa que le parecía que no era «suficientemente buena». Si el niño se enfadaba, si defendía a su madre, si no sacaba las mejores notas o hacía un ruido que no le gustaba a su padre, lo castigaba. Además, a Roger le decían continuamente que nada de lo que hacía era suficientemente bueno, que tenía que hacer más caso, ser más callado... Sin duda, sufría maltrato físico y emocional, pero para él era algo «normal». Roger interiorizó la idea de que era una persona horrible que no se merecía nada bueno, que no podía confiar en nadie y que no merecía ni siquiera comida. Desde muy pequeño le enseñaron que privarse de comida era una manera buena y necesaria de imponerse un castigo a sí mismo, y también aprendió que lo mejor era reprimir sus emociones, ya que su seguridad dependía de ello. Todo esto propició que se diera una desconexión total entre su cerebro y su cuerpo. Su respuesta ante este trauma persistente, dieciocho años, era comer lo menos posible para ser lo más pequeño posible, ocupar el menor espacio, ya que eso lo ayudaba a esconderse y no ser el objetivo de nadie.

No existe una respuesta clara y típica ante un trauma. A menudo, las respuestas que utilizamos no son conscientes, sino que, aparentemente, se dan sin que nosotros podamos controlarlas. Roger no quería matarse de hambre: su comportamiento era una continuación de las creencias que había interiorizado cuando era niño y le decían: «No te lo mereces». Era la manera que tenía su cerebro de protegerlo.

La forma en la que respondemos al trauma es tremendamente compleja. Creo firmemente que el cerebro no es autodestructivo, sino que siempre intenta ayudarnos. Es una máquina de resolución de problemas y, ante el problema que supone una experiencia traumática, el cerebro puede responder de mil maneras que quizá nos parecen extrañas, pero lo hace con el objetivo de encontrar una solución. En el caso de Roger, el hecho de no comer fue una solución efectiva que (irónicamente) lo mantuvo con vida. Se desentendió completamente de su cuerpo, no sentía ni frío ni calor, ni emociones que no fueran extremas. Salía a jugar con la nieve sin guantes, no se daba cuenta si se quemaba la mano cuando se tiraba el café encima y reprimió años enteros de recuerdos dolorosos. Lo que hizo fue mantener su cuerpo en un estado de mera supervivencia, en el que no tenía ni los recursos ni la motivación de procesar todo lo que le había pasado. Tenía la posibilidad de evitar todo ese dolor que había vivido..., pero solo a corto plazo.

Alguien desde fuera podría pensar que Roger tenía un comportamiento autodestructivo, pero yo lo que veo es que estaba afrontando la situación de la mejor manera que podía con las poquísimas herramientas de las que disponía y la narrativa interna que le decía que no valía nada.

Te pongo un ejemplo tonto para que lo entiendas mejor: ¿te acuerdas de la última vez que te sentaste sin querer encima del pie un buen rato y se te durmió? Cuando pasa eso dejas de sentirlo, ¿verdad? Pierdes cualquier tipo de sensación, como si estuviera desconectado del resto de tu cuerpo. No sientes nada. Después, cuando te das cuenta, le quitas la presión y la sangre vuelve a circular por el pie y de repente sientes como un cosquilleo horrible, como si te clavasen mil agujas. Y no es una sensación precisamente agradable, sino que puede ser bastante dolorosa. En ese momento tienes dos opciones: volver a sentarte encima para que se quede dormido otra vez y dejar de sentirlo, o pasar por el dolor y los desagradables calambres hasta que vuelvas a recuperar la sensación en el pie. La idea de volver a sentarse y parar el dolor es muy tentadora, pero si lo haces, sabes que no va a funcionar para siempre; llegará un momento en el que tendrás que sentir ese dolor y dejar que te atraviese.

Esta respuesta ante el trauma nos permite reprimir las emociones y los recuerdos, el dolor y el sufrimiento. Nos permite seguir con nuestras vidas sin dejar que la experiencia nos consuma. De nuevo: *es tu cerebro intentando echarte una mano*, aunque en el momento no lo parezca.

Chloe sufrió abuso sexual cuando era adolescente e, incluso años después, se despertaba sobresaltada casi cada noche por las pesadillas que tenía. Descubrió que las conductas purgativas la ayudan a deshacerse del recuerdo que guardaba su cuerpo: una solución visceral y muy simbólica. Trabajó en terapia para dejar de recurrir a este tipo de conductas, lo que la llevó a desarrollar otra solución: ahora lo único que consigue ayudarla a calmar su sistema nervioso y volver a dormir son los batidos de chocolate. Se toma una taza (o las que necesite), y, en cuanto la bebida empieza a bajar por su garganta, siente un alivio inmediato. Le funciona muy bien y es instantáneo, no le falla nunca. ¿Por qué se ha convertido en una solución tan potente para ella? Dice que se siente «más pesada», como si la tapasen con una manta gorda; afirma: «Es como si alguien me abrazara y me dijera que todo va a salir bien». Aunque esta estrategia le funcionaba en el momento, a la mañana siguiente se levantaba y sentía repulsión hacia sí misma, y no conseguía quitarse ese sentimiento de encima en todo el día. Después de haber tenido una de nuestras primeras sesiones, siguiendo mi consejo, por la noche probó a usar un enjuague bucal después de beberse el batido. Quería ver qué pasaba si al levantarse no notaba el sabor de chocolate en la boca; mi esperanza era que así pudiese cerrar el bucle de asco hacia sí misma, y eso fue justamente lo que pasó. Aun así, para ella, este nuevo recurso implicó mucho más, ya que adquirió un gran significado simbólico que le transmitía una sensación de limpieza, de control y la ayudaba a deshacerse de cualquier rastro de algo (o de alguien) que no fuese ella.

Para mí tiene mucho sentido que alguien que ha sufrido abuso o acoso sexual recurra a medidas extremas para «purgarse» y hacer que la otra persona salga de su interior, para intentar sacar incluso su recuerdo. Puede lograrse —como en el caso de Chloe— con vómitos y el sentimiento de vacío, o «purgando» la versión de ti que eras antes del incidente y convertir tu cuerpo en una fortaleza. Shale sufrió múltiples abusos sexuales durante su adolescencia, y siempre habían ocurrido después de haber hecho dieta o de haber perdido peso. Esto hizo que, en un plano totalmente inconsciente, llegara a la conclusión de que tener un cuerpo más delgado implicaba la atención indeseada de los hombres, por lo que desde entonces evitó hacer ningún tipo de dieta. Hasta que no se abrió y habló de ello en terapia, no se dio cuenta de la asociación que había realizado y pudo ser consciente de ella. Cuando pudo afrontar la gordofobia que había interiorizado y la creencia que tenía de que un cuerpo más delgado resultaba más deseable que uno gordo (gracias a la cultura de la dieta), le dio sentido a lo que había vivido.

La conexión con la comida

Dada mi experiencia profesional como terapeuta y nutricionista, no me es difícil entender por qué tantas experiencias traumáticas se manifiestan a través de la comida. La comida es una metáfora muy potente que comprende un gran significado en nuestras vidas. Cuando sentimos que no somos «suficiente», la comida puede llenar ese vacío; cuando sentimos que somos «demasiado», podemos purgarnos para disminuir esa intensidad y ese exceso. Estas conductas nos ayudan a regular el concepto que tenemos de nosotros mismos de tal manera que sentimos que poseemos el control. Si nos basamos en la investigación que se ha realizado, en un análisis de 57.000 mujeres se descubrió que aquellas que habían sufrido abuso sexual o físico en la infancia tenían el doble de posibilidades de tener problemas que ellas describían como ingesta excesiva de comida.[1]

Estos ejemplos son los que catalogaríamos como Traumas con *T* mayúscula: experiencias con un impacto devastador que cambian a la persona desde lo más profundo de su ser y la idea que tenía de sí misma. Sin embargo, hay veces que el trauma puede darse en situaciones mucho más sutiles.

Marina tiene un recuerdo muy claro de su infancia que destaca entre los demás. Después de que sus padres empezaran el proceso de divorcio, recuerda a su padre diciéndole: «He tenido que divorciarme de tu madre, ha engordado muchísimo». Poco después, Marina dejó los equipos de deporte de los que formaba parte en la escuela. En aquel momento no le pareció que hubiese una relación entre los dos hechos, pero, en retrospectiva y gracias a su mirada curiosa en terapia, ha podido conectarlos: quiso defender a su madre y esa fue su manera de rebelarse contra su padre. Había empezado terapia porque su novio la había amenazado con dejarla si seguía engordando, y todo esto había desenterrado los dolorosos recuerdos de su infancia. Como terapeuta, no debo juzgar a nadie, pero al escucharla no pude evitar pensar para mis adentros: «Menudo imbécil». Después de unas pocas sesiones, me dijo muy orgullosa que lo había dejado.

El paralelismo entre las dos situaciones había sido tal que la relación que tenía en ese momento la hizo conectar con todas las emociones pasadas y trajo los recuerdos que vivió con el divorcio de sus padres. Tanto fue así, que Marina sintió que estaba pasando en ese mismo momento lo que se suele describir como respuesta traumática: hay un detonante que hace que nuestro cerebro confunda y entremezcle el pasado con el presente. El sufrimiento que sacudió a Marina en esta marea de confusión la empujó a comer más para calmarse y le generó muchísima ansiedad.

A veces, el motivo por el que alguien viene a terapia, un problema concreto, acaba siendo muy distinto del que realmente quiere solucionar. Cuando Winona empezó con las sesiones de terapia en línea, me dijo que tenía ansiedad, que estaba preocupada porque comía demasiado y que no estaba segura de su relación con la comida. Había conectado sus problemas con la comida con una experiencia en los primeros años de su etapa adulta, cuando había salido con una persona que sufría bulimia. Según ella, creía que las raíces de la ansiedad que sentía con respecto a la comida comenzaron en aquel momento. A ver, no me malinterpretes, no es que sea una fan incondicional de Freud y que crea que todos nuestros problemas se originan en la infancia, pero es un tema que me parece muy interesante y útil para entender mejor el ambiente en el que crecimos. Así pues, le pregunté por su relación con la comida durante su infancia y me dijo: «Nunca pasamos hambre; aunque mis padres eran drogadictos y nunca se acordaban de cocinar, siempre se aseguraban de que hubiera platos de comida preparada en la nevera». En su caso, como nunca le había faltado alimento, no había conectado los hilos entre esta situación y la relación que tenía con la comida, así que me preguntó: «¿Crees que tiene algo que ver?» (una pregunta que me hacen mucho). Siempre respondo: «No lo sé, puedo ver una relación, pero aún no te conozco lo suficiente para decirte con absoluta certeza que sí o que no. Sin embargo, podemos hablar de ello para entender mejor la situación y ver cómo lo percibes tú, qué sentimientos te genera y si crees que pueden estar conectados los dos hechos. Y si es así, pues será que están conectados».

Aunque Winona no había vivido un abandono claro, su experiencia tenía un matiz más sutil, ya que tuvo que cuidar de sí misma desde muy pequeña. Esa es una responsabilidad enorme para una niña; los pequeños que ejercen de padres de sí mismos crecen y maduran antes que los demás. Sus padres eran cariñosos con ella y la querían mucho, pero su adicción les impedía ser los progenitores que Winona necesitaba.

Algo parecido le pasó a Hazel, que creció junto a un padre alcohólico y aprendió desde muy pequeña que tenía que adaptarse a sus cambios de humor y a sus necesidades. Interiorizó la idea de que, si lograba presentarse como la versión «correcta» de sí misma ante su padre, él no la chillaría ni la trataría mal, sino que estaría ahí para ella. Esta dinámica es bastante habitual cuando las figuras parentales no son capaces de ofrecer la consistencia que necesitan los niños para tener un desarrollo sano y adecuado. Las criaturas intentan controlar la situación con todos los recursos que tienen a su alcance porque acaban creyendo que son la causa de lo que está pasando, ya que la complejidad que implica el alcoholismo (o cualquier otro tipo de adicción o trastorno psicológico) es demasiado difícil de entender para un cerebro infantil o joven. Estos niños y niñas se convierten en las personas más complacientes que existen, lo que en el caso de Hazel significó que creció sin tener una idea sólida de quién era, sin ambiciones ni sueños propios.

Las investigaciones que exploran la conexión entre el trauma y los trastornos de la conducta alimentaria han planteado tres posibles opciones. La primera es que el trauma suele dejar una huella que hace que las personas tengan un autoconcepto muy negativo, una sensación muy arraigada de que están «rotas» o de que «no son lo suficientemente buenas». Cuando alguien ha interiorizado tan profundamente estas ideas negativas sobre sí mismo, suele tener más tendencia a manifestar comportamientos destructivos o simplemente no tiene el instinto de desarrollar otros que lo ayuden a fomentar su bienestar. La segunda es que la alimentación emocional (el hecho de comer o no comer para gestionar según qué emociones) puede ofrecer un alivio a corto plazo ante la aparición de pensamientos y sentimientos negativos relacionados con la experiencia traumática. Y, por último, el hecho de que la alimentación desordenada sirve a las personas que han atravesado una experiencia traumática como una herramienta para evitar llamar la atención de antiguos o de futuros depredadores (esto sobre todo se ve en los casos de abusos sexuales).[2]

Identificar el centro

La respuesta que cada persona tendrá ante el trauma —si tenderá a comer en exceso o menos de lo que necesita— es imposible de predecir; solo podemos unir los puntos y conectar la historia analizando lo vivido *a posteriori*, así es como entenderemos verdaderamente nuestra relación con la comida. Los que aparecen en todos los casos, sin embargo, son los sentimientos que acompañan al trauma: de culpa, de no valer nada, de estar roto, de no ser lo suficientemente bueno o de no merecer las cosas buenas de la vida. Y todas estas creencias tienen un impacto muy amplio a lo largo de la vida de una persona; permanecen latentes bajo la superficie y condicionan muchísimo nuestro comportamiento. Aun así, esto no significa que haya que tirar la toalla. Nadie nace con la sensación de que no es suficientemente bueno: nacemos con la certeza de nuestra valía, nacemos y nos sentimos como el centro de nuestro propio universo. Nuestras experiencias vitales, sobre todo las que se dan dentro de las relaciones que construimos con los demás, y lo que aprendemos de estas vivencias y relaciones es lo que nos va afectando y haciendo creer que no somos lo bastante buenos. Si lo podemos aprender, significa que también podemos desaprenderlo, y esta idea nos puede empoderar muchísimo y darnos esperanzas.

Por mi experiencia, puede ser difícil identificar el sentimiento de no ser lo suficientemente bueno. Es muy, pero que muy incómodo decir en voz alta: «No soy lo suficientemente bueno», y nos puede costar conectar esta idea con nuestro comportamiento con la comida. Cuando quiero explicárselo a mis clientes y animarlos con su situación, les digo que es como si estuvieran en una escalera que van bajando escalón a escalón. En la superficie, como la corteza terrestre, encontramos el comportamiento, tenemos la comida: ese es el primer escalón. En el centro, el núcleo, se esconde la creencia de base, que está en el último escalón de la escalera. Si los ponemos uno al lado del otro no parece que estén conectados de ninguna manera, pero a medida que vamos bajando la escalera del autoconocimiento conocida como «si…, es que…», la relación se ve mucho más clara.

Déjame que te ponga un ejemplo: vamos a empezar con la idea de «como demasiado». A partir de aquí, vamos a bajar escalones preguntándonos: «Si eso es verdad, ¿qué implica?», y así hasta que lleguemos a la creencia de base.

- «Como demasiado».
- «Si como demasiado, es que no tengo límites».
- «Si no tengo límites, es que cojo más de lo que me merezco».
- «Si cojo más de lo que me merezco, es que soy mala persona».
- «Si soy mala persona, entonces no soy lo suficientemente bueno».

Cuando conectamos el primer escalón con el último, podemos ver la conexión: «Si como demasiado es porque no soy lo suficientemente bueno».

Podemos recorrer esta escalera para analizar cualquier tipo de sistema de creencias. Tomemos como ejemplo una creencia sobre el cuerpo.

- «Mi cuerpo era mejor cuando era más pequeño».
- «Si mi cuerpo era mejor cuando era más pequeño, es que ahora no es lo suficientemente atractivo».
- «Si mi cuerpo ahora mismo no es lo suficientemente atractivo, no voy a encontrar pareja».
- «Si no encuentro pareja, voy a estar solo/sola para siempre».
- «Si voy a estar solo/sola para siempre, es que no merezco que nadie me quiera».

Cuando unimos el primer escalón con el último, comprobamos que la visión que tiene esta persona de su cuerpo está claramente conectada con la idea de base de que nadie va a quererla.

La escalera del «si..., es que...» puede ser muy reveladora, pero también muy dura de confrontar. Cuando hago este ejercicio con mis clientes en consulta, a menudo conectan con un sentimiento de desesperanza o pueden entrar en un bucle que los impide llegar al centro de la cuestión porque les duele demasiado. Te recomiendo que lo pruebes, que intentes dar esos pasos en la escalera y ver adónde te llevan. Si empiezas a sentir incomodidad, eso es que vas por el camino correcto. Si ves que te estancas en algún escalón, no pasa nada, es normal. Respira, date una pausa y vuelve a intentarlo otro día; también puedes volver a probar con el apoyo de tu terapeuta para que te guíe y te dé el acompañamiento que necesitas. Identificar la creencia de base que tienes sobre ti no es para nada obligatorio, pero he visto el clic mental que puede suponer para las personas. Al verlo, tienen un momento de claridad y por eso se ha convertido en una herramienta a la que recurro muchísimo.

Al hacer este ejercicio suelen surgir muchas preguntas, preguntas que quizá te estés haciendo tú también en este momento. «¿Qué puedo hacer para cambiar una creencia de base sobre mí? ¿Cómo puedo dar un giro de ciento ochenta grados y pasar del «no soy lo suficientemente bueno» al «soy lo suficientemente bueno»? Quizá te parezca un reto demasiado ambicioso e incluso te dé un poco de vértigo, y lo entiendo. Lo maravilloso que tiene esta técnica es que cada escalón nos da la oportunidad de cambiar lo que nos muestra, de confrontarlo, de intentar refutarlo y romperlo. Y a mí eso me da mucha esperanza.

Resulta tentador minimizar las experiencias difíciles que hemos vivido, decir «todas las familias tienen problemas». Y no niego en absoluto que sea así, pero hay una diferencia abismal entre tener problemas familiares y vivir una experiencia traumática. El pediatra y psicoanalista británico Donald Winnicott acuñó la expresión *madre suficientemente buena* para reconocer que, aunque los niños tienen necesidades importantes que deben ser atendidas, una figura parental no tiene que ser perfecta ni hacerlo todo bien para criar a un hijo o hija psicológicamente sanos. Un padre o una madre *suficientemente buenos* responden con rapidez, empatía y coherencia, y fomentan que la criatura exprese todo un abanico de emociones diferentes. Con cuidadores suficientemente buenos, los niños aprenden lo que es la seguridad, que si se hacen daño pueden curarse y que pueden aprender cosas cuando se equivocan. Cuando sus padres meten la pata (porque todos lo hacen), no se acaba el mundo, sino que solucionan el problema y piden perdón. Si un niño o una niña no se sienten a salvo, aprenden que todo es por su culpa o que nadie va a satisfacer sus necesidades, esas criaturas aprenden a esperar que los demás les hagan daño y las rechacen. Bessel van der Kolk, autor del increíblemente popular libro *El cuerpo lleva la cuenta*,* afirma: «Aprendemos nuestras primeras nociones sobre cómo cuidarnos a partir de cómo nos cuidan a nosotros. Los niños que tienen padres que les ofrecen de forma consistente seguridad y apoyo ganan una ventaja de por vida. Una especie de colchón que amortigua el golpe contra el peor escenario que el universo pueda lanzarles».

El cerebro de un niño no concibe la idea de que sus padres, esas personas que se supone que son sus protectores y cuidadores, sean incapaces de atender y satisfacer sus necesidades. Es un pensamiento demasiado devastador para el cerebro infantil, y por eso no puede afrontarlo, por lo que lo rechaza. En vez de aceptar que sus padres no tienen las herramientas para cuidarlo como necesita para un desarrollo saludable, el pequeño se culpa a sí mismo y asume que ha hecho algo mal o que merece lo que le pasa. Este sentimiento de culpa se arraiga cada vez más en su interior, porque es el único argumento razonable que encuentra el cerebro para

* Eleftheria, 2023.

seguir adelante, y esa es la base sobre la que se construye la autoestima de la criatura. Es horrible, doloroso y terriblemente injusto.

Las experiencias traumáticas pueden proyectar grandes sombras en nuestra vida y tener un impacto en las creencias, los pensamientos y los comportamientos. Esa sombra también puede llegar a recaer sobre la comida y hacer que la usemos para calmarnos, para castigarnos o para ayudarnos a reprimir emociones o recuerdos. Otra posibilidad es que se manifieste a través de la incapacidad de mantener una relación romántica, la falta de confianza, los problemas para regular las emociones y para dormir, el abuso de sustancias, la evitación o los trastornos de depresión, de ansiedad o de disociación, entre otras respuestas. Situaciones que serían agradables para otras personas pueden detonar una respuesta de lucha o huida, en la que tu cuerpo o tu sistema nervioso se encuentran en un estado de alerta y te embarga una sensación de inseguridad.

La ventana de tolerancia

El estrés traumático tiende a generar dos extremos emocionales: sentir demasiada emoción (lo que abruma) o no sentir nada (desconexión). El espacio entre estos dos puntos es lo que se conoce como *ventana de tolerancia*, un concepto acuñado por el doctor Dan Siegel. Dentro de esta ventana encontramos el rango de intensidad y la variedad emocional de las experiencias que nuestro sistema nervioso puede gestionar en un entorno seguro. Nuestro sistema nervioso está hecho para gestionar las fluctuaciones entre activación (el sistema simpático) y el descanso (el sistema parasimpático). Cada fluctuación nos hace movernos y acercarnos a los márgenes superiores o inferiores de nuestra ventana de tolerancia, pero, día a día, alguien que no ha tenido experiencias traumáticas en su vida navegará por estas situaciones sin mayor complejidad y contará con las herramientas necesarias para regularse cuando se acerque demasiado a los límites.

Si has sufrido un trauma, tu ventana de tolerancia puede que sea más estrecha que la de otra persona sin una carga traumática. Esto significa que a menudo tu sistema se activará más de lo esperado debido a algún estímulo detonante, o quizá te des cuenta de que, a la mínima que tu sistema se activa un poco más de lo normal, ya sobrepasa el límite de tu ventana de tolerancia y te sobrepasa. Este punto es importante, porque quizá la persona que tienes al lado se limitaría a encogerse de hombros si se encontrase con una situación que a ti te produce un colapso emocional. La ventana de tolerancia de cada persona es distinta: ante el mismo nivel de alerta y activación, una persona puede sentir que está en un sitio seguro dentro de su ventana, y otra, que está al límite. Muchas veces he oído a personas que han vivido experiencias traumáticas decir que sienten que están «locas» cuando hablan con sus amistades que no han pasado por algo parecido por el simple hecho de reaccionar de manera muy diferente. Escúchame: no has perdido la cabeza, de verdad. La razón por la que respondes así es que tu ventana de tolerancia es más estrecha.

Cuando cruzamos el límite superior de nuestra ventana (estado de hiperalerta), empezamos a sentir ansiedad, miedo, saturación emocional y pánico. Este estado afecta a nuestra capacidad para comer y dormir con normalidad, y puede dificultar enormemente nuestra vida cotidiana. En algunas personas conduce a una parálisis que las incapacita para hacer nada. El estado de hiperalerta es la manera que tiene el cuerpo de prepararse ante cualquier amenaza, un estado que puede mantenerse durante años después de que se haya vivido la experiencia traumática. Es uno de los requisitos principales para diagnosticar el trastorno de estrés postraumático.

Aunque el estado de hiperalerta es un método de autoconservación, también tiene efectos perjudiciales, ya que puede interferir en la capacidad de la persona para detenerse un momento para evaluar y responder de una forma adecuada ante los estímulos que tiene a su alrededor, como movimientos repentinos y ruidos fuertes. Las experiencias traumáticas que vivió Roger con su padre hacían que solo con oír los pasos de alguien en el piso de arriba, su sistema nervioso entrase en estado de hiperalerta y pánico que a un observador externo parecería sin sentido. En resumen, el sistema nervioso reacciona como si hubiera un peligro aunque no lo haya. Se necesita tiempo para trabajar y entender bien la perspectiva de que el mundo no es un lugar seguro y que el peligro acecha en cualquier esquina.

El estado de hipoactivación es justo lo contrario. Al entrar en este estado, el sistema se desconecta, se apaga, se disocia y se adormece para no sentir. Las personas pueden entrar en este estado justo después de haber estado en hiperalerta, ya que el cerebro se desconecta para poder soportar lo que está viviendo porque su cuerpo sufre si permanece en estado de alerta durante demasiado tiempo. Habrá personas con experiencias traumáticas que pasen mucho tiempo saltando de un estado a otro, lo que les deja muy poco tiempo para regular su ventana de tolerancia. ¿Te has cansado solo con leerlo? No me extraña, porque es muy agotador.

Por lo que he visto, cuando describo a mis clientes el concepto de *ventana de tolerancia*, puede ser muy reconfortante porque les da control, entendimiento, los enraíza. Además, los ayuda a ver que no están «rotos» y que sus reacciones no son exageradas, sino que su sistema nervioso responde de una manera razonable, teniendo en cuenta las experiencias que han vivido en el pasado. Aun así, esto no significa que estas respuestas no se puedan cambiar. Es posible ampliar nuestra ventana de tolerancia.

El estado de hiperalerta se suele asociar con la respuesta de lucha o huida, pero en realidad hay cuatro respuestas ante el trauma o el estrés: lucha, huida, congelación y adulación. La lucha suele implicar agresión y conflicto; la huida, querer salir de esa situación o lugar lo antes posible. La congelación significa que somos incapaces de conectar, accionar o tomar una decisión, y con la adulación lo que intentamos es contentar, agradar, pedimos perdón por todo y damos mil explicaciones innecesarias. La persona no elige de manera consciente ninguna de estas respuestas, y todos tenemos una tendencia automática hacia una en concreto.

La respuesta de adulación se suele relacionar bastante con el trauma infantil, ya que es un intento de aplacar a la figura maltratadora usando un comportamiento preventivo con la intención de evitar el maltrato. Las personas extremadamente complacientes a las que les da miedo expresarse y siempre ponen a los demás por encima de sus necesidades, en general lo son porque han aprendido que este comportamiento es una herramienta útil para garantizar su seguridad.

Imagínate por un momento que alguien se planta delante de ti y empieza a gritarte. Te muestra un comportamiento intimidatorio y además invade tu espacio personal, ¿cómo reaccionas?

Lucha, huida, congelación o adulación			
Lucha	**Huida**	**Congelación**	**Adulación**
Aprietas los puños El corazón se te acelera Discutes Chillas Te entran ganas de golpear algo	Deseas esconderte o salir corriendo Te sientes acorralado Abres mucho los ojos Sientes ansiedad	Te cuesta hablar Te desconectas Quieres esconderte Empiezas a temblar o sentir que el cuerpo da sacudidas	Intentas contentar a la persona Sientes que no puedes decir «no» Pides perdón sin parar

La conexión entre las respuestas ante el estrés y la comida

Gracias a mi experiencia profesional he descubierto (y no olvides que son observaciones personales) que las personas que suelen gravitar hacia la respuesta de huida tienden a usar la comida como mecanismo para gestionar lo que les pasa. La comida es una distracción efectiva y una estrategia de evitación que ayuda al cerebro a huir de los problemas que lo acechan. Las personas que responden con adulación también suelen acudir a la comida para calmarse y recuperar algo de control después de la pérdida de identidad que conlleva esta respuesta. Al menos por lo que he observado, las personas que tienden a la congelación suelen evitar la comida para afrontar lo vivido, y aquellas que responden en modo de lucha puede que recurran a ella porque se avergüenzan después de lo que ha pasado. Lo veremos con más profundidad más adelante.

No todo el mundo que vive experiencias traumáticas desarrolla problemas con la comida y no todas las personas que tienen una relación desordenada con su alimentación han sufrido un trauma. Todos tenemos una respuesta al estrés que muestra cierta tendencia hacia una de estas cuatro respuestas, y todos tenemos una ventana de tolerancia y necesitamos herramientas para gestionar las situaciones cuando sentimos que algo nos supera.

Teniendo todo esto en cuenta, te lanzo las siguientes preguntas:

- ¿Has vivido alguna experiencia que haya podido ser traumática?
- ¿La has procesado desde este enfoque como lo que es?
- ¿Qué creencia de base tienes sobre ti?
- ¿Qué amplitud crees que tiene tu ventana de tolerancia?
- ¿Qué respuesta es más común para ti: la lucha, la huida, la congelación o la adulación?

Si después de leer todo lo anterior te estás planteando la posibilidad de que quizá sí hayas vivido alguna experiencia traumática que aún no has procesado y has creado una dependencia con la comida para gestionarla, quiero que sepas que no eres la única persona que se siente así y que no tienes que sufrir en silencio. A lo mejor tienes el impulso de ponerte manos a la obra ahora que lo has visto, pero te animo a que te permitas una pausa y sientas todo lo que se está moviendo en tu interior. Después, al final del libro, te facilitaré información para que puedas buscar acompañamiento terapéutico y que encuentres la ayuda que necesitas para procesar lo vivido. Hasta entonces, vamos a seguir adelante y a profundizar un poco más.

CAPÍTULO 3

Comida y amor

«Él me abandonó, pero la comida nunca lo hará».

Hace ya años, la pareja con la que llevaba mucho tiempo dejó a Jemima y le rompió el corazón en mil pedazos. Desde entonces ha intentado volver a encontrar pareja bastantes veces: intentó hacerse un perfil en las aplicaciones de citas, pero cada vez que comenzaba, acababa dejándolo y empezaba a hacer dieta. Creía que solo podría encontrar pareja cuando perdiera peso. Nos costó unos cuantos meses de terapia que pudiera reconocer que su comportamiento solo era una excusa para ocultar su falta de autoestima. Que quede claro que no hago ningún tipo de juicio cuando digo «excusa», el cerebro siempre busca narrativas que nos ayuden a encubrir algo más profundo y nos hagan sentir bien porque esto nos permite vivir en negación. Las narrativas de encubrimiento hacen que no tengamos que pensar en lo que realmente nos preocupa. Para una persona que cree que no vale demasiado, es mucho más fácil centrarse en el proceso y el camino que implica la pérdida de peso que pararse a reflexionar cómo se siente consigo misma. Hacer dieta es mucho más fácil que trabajar la autoestima.

La mayoría de las personas a las que conozco son infelices consigo mismas sin importar cuánto pesan. Me sería imposible contar las veces que la gente me ha dicho lo infeliz que le hace su cuerpo. Les achacan su infelicidad a los kilos, hasta que recuerdan que cuando tenían un cuerpo más delgado también lo eran. Sin embargo, suelen ignorar o rechazar esta verdad incómoda. Quizá te cueste creerlo, pero lo importante aquí no es la meta final de adelgazar: el hecho de hacer dieta y de querer perder peso desvía la mirada del verdadero problema. El proceso te sirve de distracción: el objetivo te lo pone la sociedad. Si ponemos toda la carne en el asador para adelgazar, tenemos poco tiempo para centrarnos en la relación que construimos con nosotros mismos, para pararnos y ver que en el fondo quizá sentimos que no somos lo bastante buenos o que no merecemos que nadie nos quiera.

La mentira que nos contamos de que si estamos delgados seremos felices desempeña un papel muy importante en todo esto. No podemos negar que, si tienes un cuerpo delgado, el mundo te trata mejor: no tendrás problemas para sentarte en tu asiento del avión; podrás ir a comprarte ropa a la tienda que quieras; cuando vayas al médico, podrás explicarle lo que te pasa sin que lo achaque todo a tu peso... La sociedad recompensa a las personas que están delgadas y ha creado un mundo que no está pensado para acomodar a los cuerpos no normativos. Es decir, sabes que solo por el hecho de encajar en el molde ideal estándar puedes lograr más satisfacción, porque los demás te van a tratar mejor y vas a recibir menos juicios. Aun así, esta realidad innegable no lo es todo, porque la otra cara de la moneda es que por mucha validación que consigas del mundo exterior, no sanará el odio que sientes hacia ti. Y pese a todo, la gente lo sigue intentando...

Mejor perder peso que amor

He conocido a mucha gente que prefiere dedicar su tiempo a adelgazar que a construir una relación cercana con otra persona o un vínculo de intimidad con un desconocido o a encontrar a alguien que la quiera de manera incondicional. Estas personas prefieren centrarse en el cuerpo y no en el amor. La gente puede rechazarte; la comida, no. Pero tú puedes rechazar la comida. El desequilibrio implícito en esta relación te da el control: eres tú quien decide.

La comida puede parecerse al amor. Está ahí para ti cuando la gente se va, no te hace daño, no te dice que no eres lo suficientemente bueno; la comida sabe bien y siempre te hace sentir mejor. La cuestión es que solo es un sustituto del amor. Cuando la gente se da atracones, lo que está haciendo es reforzar la idea de que los demás no pueden ofrecerle lo que necesita, pero la comida sí, por lo que comen mucho y así su cerebro siente que, de alguna manera, tiene el control. El problema es que en realidad no es así. La mayoría de las personas con las que he hablado me han dicho que sienten una necesidad imperiosa de comer y no lo viven como una decisión, sino como algo que más bien las posee, unas ganas irrefrenables que no desaparecen hasta que las sacian. Aun así, la comida empieza siendo una idea que nos da control en comparación con el amor de los demás, ya que entonces quedaríamos en sus manos.

La relación que construimos con la comida es un microcosmos de todo lo que hemos aprendido sobre lo que significa amar y ser amado, y lo que merecemos en la vida. Es el escenario en el que recreamos nuestras relaciones y las creencias que tenemos sobre nosotros mismos. Para sorpresa de nadie, los aprendizajes sobre el amor empiezan en nuestra infancia, con nuestros padres. Los estudios demuestran que las personas que afirman presentar una alimentación emocional suelen haber tenido una relación complicada con su familia en la infancia, situaciones que incluyen los sentimientos de soledad, de falta de conexión y problemas con el autocuidado en la etapa adulta.[1] Cuando sentimos que para recibir el amor de nuestros padres necesitamos cumplir ciertas condiciones, los vínculos que establecemos para conectar con la comida y con los demás son caóticos e inestables.

La teoría del apego es un tema fascinante dentro de la psicología. Sugiere que las primeras relaciones que tenemos en nuestra vida, por lo general con nuestros padres o cuidadores, determinan en gran medida las relaciones que construiremos con los demás a lo largo de nuestra vida, que a su vez, como ya hemos visto, también pueden afectar la manera en la que nos relacionamos con la comida.

El psicólogo John Bowlby describe el *apego* como la capacidad duradera de conexión psicológica con otros seres humanos. Bowlby fue el primer investigador importante en este campo que mostró interés por entender la ansiedad que sentían las criaturas al separarse de la figura principal que las cuidaba. Este psicólogo creía que los primeros vínculos que se creaban entre los niños y sus cuidadores tenían un gran efecto en el resto de sus vidas. Postuló que, si las figuras de apego principales estaban disponibles y respondían a sus necesidades, los niños desarrollaban una sensación de seguridad, lo que les aportaba una base sólida desde la que explorar el mundo. Entonces, ¿qué pasa cuando nuestros padres o cuidadores no están disponibles y no satisfacen nuestras necesidades?

En la década de 1970, la psicóloga Mary Ainsworth llevó a cabo un experimento revolucionario conocido como «la situación extraña». En dicho experimento, el objetivo era observar cómo un grupo de bebés de entre doce y dieciocho meses reaccionaba cuando los dejaban solos y luego volvían a reunirse con su cuidador. Con los datos recopilados, Mary Ainsworth describió tres estilos de apego: el seguro, el inseguro ansioso y el inseguro evitativo. Con el tiempo, otros expertos añadieron un cuarto: el evitativo ansioso.

El **apego ansioso** se caracteriza por eso justamente, por la ansiedad. Cuando la figura parental se va, hay muchísima agitación y el niño asume que los padres no están disponibles o que no puede depender de ellos. Las personas con apego ansioso suelen convertirse en seres hipersensibles a los sentimientos de sus parejas y tienen un miedo constante a que los abandonen.

El **apego evitativo**, como su nombre indica, se basa en la evitación. La criatura no suele reaccionar al ver que los padres se van, normalmente porque sabe que cuando ha intentado confiar o depender de la figura parental ha recibido un castigo. Este tipo de apego suele crearse si se tienen padres que no cuidan de sus hijos o que abusan de ellos. De mayores, las personas con apego evitativo suelen distanciarse de sus parejas, les cuesta pedir ayudar y suelen tender a distanciarse si algo va mal.

Los niños y niñas que crecen con un estilo de **apego seguro** suelen tener relaciones románticas más fuertes simplemente porque parten de la idea de que merecen amor, de que pueden confiar en las personas y de que estas están ahí para ellas.

Hay personas que creen que no podemos cambiar el estilo de apego, pero yo no soy una de ellas. Estoy absolutamente convencida de que todo el mundo puede aprender a construir un apego seguro. Se puede conseguir en terapia con un profesional que se muestre disponible para nosotros y en el que confiar (y que sepa marcar límites) o en una relación romántica con una pareja con apego seguro. Aun así, aunque podemos mejorar los estilos de apego, también pueden cambiar a peor a medida que vamos creciendo. Una experiencia traumática, ya sea por una situación de maltrato en una relación amorosa, violación o rechazo, puede hacer que pasemos a tener un apego evitativo o ansioso. Quizá empieces a sentir ansiedad y a creer que todo el mundo va a dejarte, puede que sabotees tu relación cuando empieces a notar que la cosa se pone seria, o directamente evitar cualquier tipo de relación por miedo a que se repita el mismo patrón. Y justo por estas razones es por lo que quiero hablar y profundizar un poco más en los temas del amor y de la comida tanto en la infancia como en la edad adulta.

El amor hacia la comida se aprende

El comportamiento que mostramos hacia la comida no sale de la nada. Nadie se levanta un buen día y decide que no va a comer más o decide zamparse una *pizza*, una tarrina de helado, una caja de galletas y una barra de pan. Estas cosas no ocurren sin razón. Para algunos de nosotros proviene de nuestras relaciones con los demás, para otros surge porque no aprendieron que merecían amor cuando eran pequeños y para algunos más viene de perder la creencia de que son dignos de amor en la edad adulta.

Un niño que ha sufrido maltrato tiende a creer que es por su culpa, y una persona adulta que se da atracones de comida suele creer que no tiene autocontrol. Así, en vez de enfadarse con el maltratador, esa persona puede dirigir su rabia hacia dentro, hacia sí misma. Como Geneen Roth, la autora superventas del libro *Cuando la comida sustituye al amor*,* afirma: «Las dietas y los menús nutricionales permiten que las personas adultas sigan siendo niños, víctimas de los sistemas opresivos que forman la cultura y la familia en los que se pasan la vida castigándose por no ser suficientemente buenos».

Hay personas que aprenden que la comida es amor, por lo que prohibírsela se convierte en un castigo efectivo cuando sienten que no merecen recibirlo. Hay otras que tuvieron padres que no estaban ahí para ellas, que las maltrataban o que no les aportaban estabilidad; en esos casos, la comida se convirtió en una manta cálida y amorosa cuando no había gente para abrazarlas y sostenerlas. Quizá también usan la comida para castigarse porque puede que crean que es lo que merecen. Cuando no nos han sabido querer de una manera sana, dejamos de esperar que los demás satisfagan nuestras necesidades y aprendemos a confiar solo en nosotros mismos. Así que comemos.

Para algunas personas, la conexión entre comida y amor es increíblemente explícita. Su experiencia les ha enseñado que el amor que recibirán de sus padres dependerá de si su cuerpo cumple con unas expectativas concretas, así que, si engordan, no las querrán, no serán lo suficientemente buenas, por lo que tienen que cambiar para recuperar su amor. En este caso, hacer dieta para adelgazar o comer menos pueden ser las respuestas para intentar convencerse de que merecen ser amadas.

Cuando los padres de Tolu se divorciaron, su madre comía para hacer frente a la situación y, cada vez que lo hacía, animaba a su hija a acompañarla. Comer juntas las unió más y era su manera de darse apoyo emocional en esos difíciles momentos. Cada vez que hace dieta, no puede evitar pensar en su padre, con el que no se lleva bien, lo que hace el proceso insostenible. Así pues, al final acaba comiendo para regularse y sentirse más cerca de su madre. Todo esto era un patrón que repetía de manera inconsciente hasta que lo hablamos y lo identificamos en nuestras sesiones.

La madre de Xena la criticaba y la vigilaba constantemente. Mi cliente

* Urano, 2014.

me la describió como una madre controladora y sofocante, y la comida era uno de los terrenos en los que la dominaba. Cuando cenaban, sus hermanos podían comer todo lo que querían, pero su plato siempre estaba vigilado en todo momento para que no se pasara. El amor de su madre dependía de que comiese la cantidad correcta de comida: ni muy poca para que no pensara que no le gustaba lo que había preparado, ni demasiada para no recibir críticas y amenazas de lo mucho que iba a engordar. Así pues, Xena empezó a comer a escondidas por la noche en un intento de que la comida le ofreciera el sostén y el amor que le negaba su madre.

No siempre resulta evidente saber por qué las personas recurren a la comida en vez de a otras cosas. Uno de los motivos es que hay una clara conexión entre la comida y el cuerpo; otra es que la comida es la primera fuente de consuelo y la primera oportunidad de rebeldía que tenemos en nuestra vida. ¿Qué quiero decir con esto? En un mundo ideal, nuestra primera experiencia con la comida está asociada con la seguridad que sentimos al estar entre los brazos de nuestro cuidador. Cuando somos bebés, nuestra vida la dirigen principalmente nuestros padres, solo tenemos dos oportunidades principales para ejercer poder: una es rechazar la comida y la otra es excretar. La entrada de comida y su consecuente salida. Las sustancias como las drogas o el alcohol no siempre tienen ese nivel de significado en la vida de las personas (a menos que haya una historia familiar con ellas, claro). La comida, sin embargo, tiene para todos y cada uno de nosotros ese significado.

Seguridad y comida

Cuando tenemos un estilo de apego inseguro, la comida puede convertirse en nuestro apego seguro. Por eso nos cuesta tanto dejarla incluso cuando ya sentimos que no nos hace bien. Si después de leer este capítulo tienes bastante claro que demuestras un apego inseguro, a partir de ahora puedes trabajar con este conocimiento y conciencia. Al fin y al cabo, antes de decidir la dirección en la que queremos ir, necesitamos saber de dónde partimos. Quizá ahora sientes que puedes empezar a identificar ciertos comportamientos o pensamientos que te surgen al pensar en tus citas o en tus relaciones románticas como parte de tu estilo de apego.

- ¿Te dices a ti mismo que no puedes empezar a buscar pareja hasta que no hagas dieta?
- ¿Acabas comiendo para regular tus emociones cuando una cita no ha ido como esperabas?
- ¿Te descubres comiendo como respuesta a un rechazo?
- ¿Te prohíbes comida para castigarte después de pelearte con alguien?
- Si tienes un apego ansioso, ¿comes más cuando tu pareja tiene un apego evitativo?
- Si tienes un estilo de apego evitativo, ¿tu relación con la comida cambia cuando tu pareja tiene apego ansioso?

Mientras sigas creyendo que el problema está en tu peso, tendrás una excusa para no tener relaciones íntimas con alguien o incluso tener una cita. No se trata de perder peso, porque una vez que esa coraza ya no te impida acercarte a otra persona, ya no habrá excusa, y esa sola idea te resulta tan aterradora que buscarás otra («no tengo tiempo», «tengo mucho trabajo», «no es el momento», o cualquier otra). Si te suena, me gustaría saber qué es lo que de verdad te asusta. ¿Cómo fueron tus primeras experiencias vitales en lo que se refiere al amor? ¿Cómo lo recibiste? ¿Pasó algo que te hiciera tener miedo a la intimidad y a dejarte querer? Volviendo a citar a Geneen Roth: «Nos da miedo la intimidad porque las experiencias íntimas que hemos tenido fueron aterradoras, no porque seamos incapaces de amar. Si queremos amar de verdad, a nosotros y a cualquier otra persona, primero tenemos que descubrir por qué nos da miedo».

Quizá ha llegado el momento de dejar de poner excusas y averiguar de una vez por todas qué se esconde bajo la superficie. Estas preguntas que te ofrezco pueden guiarte, y las respuestas pueden darte información para avanzar hacia el cambio. Ya que yo misma he hecho la transición y he pasado de un apego ansioso a uno seguro, te aseguro que es posible, pero tendrás que hacer un trabajo profundo de autoconocimiento y contar con un guía que te brinde su apoyo.

Muchos de mis clientes se han quejado de la frustración que han sentido al comprobar que la gente de su alrededor no los entendía. Muchas personas no entienden que no quieran ir a ver a sus padres en Navidad o tener una cita a ciegas. Cuando has tenido una infancia feliz, asumes que ha sido igual para el resto, pero no todo el mundo tiene la suerte de recibir un amor incondicional de sus padres, y no todo el mundo tiene la suerte de construir un apego seguro en su infancia.

CAPÍTULO 4

Los padres y las emociones

La infancia es una etapa increíblemente importante para nuestro desarrollo y el de nuestro cerebro. Somos como esponjas que absorben información de cualquier manera en la que se nos ofrezca. Toda esta información, estos mensajes y estos aprendizajes dan forman a la visión que tenemos del mundo y de nosotros mismos cuando nos hacemos adultos. Esto no significa que los mensajes tengan que ayudarnos, sobre todo cuando hablamos de nuestra relación con las emociones.

En muchas familias no se habla abiertamente de las emociones. Pueden sentirse o insinuarse, pero se mantienen ocultas. Si te han enseñado que la tristeza, la soledad, el miedo, la rabia o la envidia son emociones malas que debes evitar, harás todo lo que puedas para reprimirlas. El problema es que eres humano, así que, por norma general, acabarás sintiéndolas en algún momento. Y aquí te lanzo una pregunta: ¿cómo gestionas estas emocionas si nunca te han enseñado a hacerlo? Pues una de las maneras es con la comida.

Aprendemos de otras personas

«Los niños no lloran».

«No te enfades, sabes que no me gusta».

«Deja de llorar o te daré un motivo para hacerlo».

Estas frases son ejemplos claros que invitan a la represión emocional. Le dicen al niño muy claramente que no sienta lo que está sintiendo, o al menos que no lo exprese. Sin embargo, estos mensajes nos pueden llegar de maneras mucho más sutiles, pero con mucha carga implícita. De todas maneras, según mi experiencia, eso no hace que tengan menos efecto. El modelado es una estrategia clave a través de la cual aprendemos de los demás: imitamos lo que hacen. Si nuestros padres no lloraban delante de nosotros y se extrañaban o no reaccionaban con normalidad cuando lo hacíamos nosotros, quizá entendimos que este no era un comportamiento aceptable. El mensaje que internalizamos fue: «Aquí esto no se hace». Si veías claramente que uno de tus padres estaba mal, pero insistía en que no le pasaba nada, o te decía «no estoy enfadado, estoy decepcionado», aunque no había duda de que las señales que mostraba eran de enfado, esto también puede generar confusión a la hora de entender y procesar las emociones. Si los padres se centran obstinadamente en la resolución de problemas con sus hijos, esto no les da tiempo ni espacio a las criaturas a sentir lo que está pasando en su interior, lo que les puede transmitir la idea de que la manera de interactuar con las emociones es descubrir cómo hacer que desaparezcan en vez de simplemente sentirlas. No me malinterpretes, las soluciones son importantes, pero las emociones primero se tienen que sentir, porque, si no, ¿qué pasa si el niño o la niña se encuentran en una situación en la que no existe una solución inmediata? Que se bloquearán y no podrán gestionarlo bien.

También puede pasar lo contrario: si alguien no regula sus emociones ni les pone límites de una manera sana, también podemos aprender que son malas y que debemos evitarlas. Por ejemplo, Hazel tenía un hermano que solía explotar con ataques de rabia a la mínima. El enfado que demostraba no tenía ningún tipo de filtro y estar a su lado en esos momentos era muy intenso. A partir de estas experiencias, Hazel aprendió que debía ir con mucho cuidado para intentar que nadie se enfadara y que no debía cargar a nadie con esa emoción si alguna vez la sentía. Eso ha hecho que ahora sea incapaz de sentir y expresar ningún tipo de enfado, y que recurra a la comida para reprimir esa emoción que para ella es tan negativa. Con ello consigue dos objetivos: primero, pararle los pies eficazmente al enfado y, segundo, redirigirlo hacia sí misma en vez de centrarlo en una situación o en otra persona, porque su comportamiento le permite enfadarse consigo misma por «haber comido demasiado». Si una persona ve que, cuando alguien se enfada, la emoción puede generar explosiones de rabia y violencia, no es extraño que en su cabeza se construya la idea de que es inaceptable y que haya un miedo en lo más profundo a convertirse en ese tipo de persona explosiva que ha causado tanto daño. Ese miedo es un motor muy potente.

Cuando los padres no saben regular y contener sus emociones, los niños aprenden a tener mucho cuidado con ellas y crecen mucho antes de lo que les toca, se convierten en los cuidadores de las emociones de sus padres. Aprenden a anticipar y a detectar los cambios más sutiles en los demás porque así pueden hacerse una idea mejor de lo que están sintiendo. El padre de Ethan era alcohólico, lo que le enseñó desde muy pequeño que debía estar en un estado de hipervigilancia continuo cuando estaba con él: tenía que fijarse muy bien en cómo abría la puerta y entraba a casa cuando volvía del trabajo. Así, Ethan, de alguna manera, ganaba una sensación de control porque podía prever qué versión de su padre llegaba a casa cada día: ¿el padre sobrio y crítico, pero bastante inofensivo? ¿O era el padre borracho, cruel, irresponsable y rabioso? Después de vivir situaciones así, las criaturas aprenden a poner las necesidades emocionales de los demás por encima de su propio sentimiento de seguridad, ya que es lo que las ayuda a sobrevivir. Cuando Ethan era pequeño, así era como conseguía protegerse, y le funcionó. Era una estrategia muy efectiva. Sin embargo, esta necesidad de priorizar a los demás antes que a sí mismo no lo abandonó hasta que cumplió los cuarenta, mucho después de haberse alejado de su padre. Ethan ya no necesitaba esas herramientas, pero al cerebro le cuesta bastante tiempo sentirse seguro otra vez, porque sabe que retirar esas barreras, derribar ese muro, ese mecanismo de defensa, algo que ha estado ahí hasta ahora para protegerlo, le supone un riesgo enorme. Es comprensible que al cerebro le cueste entender que tiene que deshacerse de algo que le ha funcionado tan bien durante tanto tiempo. Sin embargo, la verdad es que, para Ethan, continuar priorizando a los demás, incluso treinta años después, le había costado su propia felicidad, y el hecho de ser tan consciente de las emociones de los demás le había llevado a reprimir las suyas con la comida. Así pues, había llegado la hora de dejar atrás esta respuesta.

Cuando alguien sigue viviendo con sus padres, creo que es muy difícil cambiar estos mecanismos, incluso se podría decir que es hasta imposible cuando seguimos expuestos a esa misma situación, en ese mismo lugar en el que surgió ese mecanismo de protección que se ha arraigado en nuestro interior. ¿Por qué? Pues porque no tenemos incentivos para cambiar; sin embargo, una vez que desarrollamos una sensación de independencia y nos alejamos de las personas y de la situación que nos hizo recurrir a dicha estrategia, podemos empezar a desaprenderla y reaprender lo que es la seguridad en un nuevo entorno.

Aunque esto es cierto, alejarnos no implica que el proceso vaya a ser fácil... Los mensajes que aprendemos de nuestros padres en las primeras etapas de nuestra infancia son la base sobre la que construimos el concepto que tenemos de nosotros mismos y del mundo. Y, como te podrás imaginar, no es nada fácil cambiar los cimientos cuando ya hemos erigido el edificio encima. Este camino implica revisar las bases de quiénes creemos ser y volver a reconstruirnos; el trabajo que debemos hacer va mucho más allá de cambiar un comportamiento. Quizá esta visión te suene demasiado pesimista, pero creo que el hecho de tener una idea realista del esfuerzo que va a suponerte este proceso te ayudará a ser más compasivo contigo mismo cuando las cosas se pongan difíciles. Que quede claro: va a ser difícil, sin duda, cambiar los cimientos; no puede ser de otra manera. Si nos resulta fácil, probablemente no son los cimientos lo que estemos cambiando.

Entenderte sin culpa

Quiero dejar muy claro que mi objetivo no es para nada echarle la culpa a otra persona. Mi intención no es culpar a los padres; me parece que es absurdo y que, además, no ayuda a nadie. Lo que pretendo con todo este trabajo de introspección es que entiendas por qué eres como eres. Quiero despertar tu curiosidad sobre quién eres y de dónde han salido las ideas que tienes sobre ti y sobre el mundo. Obviamente, muchas de estas respuestas apuntarán hacia tus padres y cuidadores, porque en nuestros primeros años de vida son el único punto de referencia consistente que tenemos. Y no es culpa nuestra haber interiorizado los mensajes negativos que nos han dado cuando éramos pequeños; lo hacemos porque así es como debe ser, así es como funciona el cerebro. Supuestamente, también lo habríamos hecho si hubiesen sido positivos. Si sigues sintiéndote culpable, recuerda que nadie tiene por qué enterarse de lo que descubras a menos que tú decidas contárselo.

Lo voy a decir una vez más: los mensajes que has aprendido e interiorizado sobre ti y tus emociones no son culpa tuya. Aprenderlos no fue una decisión consciente, estaba fuera de tu control. El entorno familiar en el que creciste se convirtió en tu normalidad, y no es hasta más tarde cuando las personas empezamos el proceso de comparación con los demás; sin embargo, en ese momento, los mensajes y aprendizajes ya suelen estar muy arraigados en tu interior. No debemos culpabilizar al yo de nuestra infancia porque no teníamos poder de control sobre lo que absorbíamos. No es culpa tuya, pero de lo que sí eres responsable es de hacer algo al respecto cuando lo identificas una vez que creces y te conviertes en una persona adulta. Ya no eres un niño indefenso, ahora eres un adulto que puede trabajar para aprender los mensajes y aprendizajes de apoyo que te hubiese gustado recibir en tu infancia. Por supuesto, contar con un buen terapeuta durante este proceso te puede ayudar muchísimo. Algunas personas llaman a este proceso terapéutico *trabajo con nuestro niño interior.* Si la idea de abrir esa puerta y conectar con tu niño interior te parece demasiado extraña o te incomoda, míralo simplemente como un proceso de autoconocimiento. La idea no es que hables literalmente con tu yo del pasado; se trata de una metáfora para entenderte mejor. Si te resuena este concepto, quizá valga la pena que lo explores. Hay personas a las que incluso les va bien hablar con su niño interior como si fuese una persona real; les va bien hacerse preguntas como qué necesitan, validar sus emociones o decirle a su yo infantil que son suficientemente buenos. Es una manera de convertirte en la figura parental que hubieses querido tener, de darte lo que tus padres no pudieron o no quisieron, o quizá no lograron hacerlo de la manera que necesitabas.

Por norma general, los padres no comunican mensajes a sus hijos con la intención de hacerles daño, lo que ocurre muchas veces es que los transmiten porque son los que recibieron ellos y, desde su perspectiva, los ayudaron, o esa es la única opción que conocen, la correcta. Quizá ni siquiera se han planteado cómo se relacionan ellos mismos con sus emociones. El mensaje que recibimos puede ser tan sencillo como que lo más importante es resolver los problemas. Puede que nos inculquen que priorizar la búsqueda de soluciones es muy útil, y estoy de acuerdo, pero no si ello implica que dejemos de sentir y conectar con lo que hay en nuestro interior. He trabajado con muchísimas personas que han crecido en una familia en la que aprendieron a anular la fase de conexión con las emociones para saltar directamente a la parte resolutiva. Era la respuesta a la que las empujaban. ¿Para qué vas a perder tiempo sintiendo, cuando puedes resolver el problema directamente? Parece muy eficiente, ¿verdad? La duda que me surge ante este *modus operandi* es, si las personas no se dan el tiempo para reconocer la emoción, no la afrontan ni la descargan, ¿podemos decir realmente que han resuelto el problema? Quizá lo que hayas solucionado es aquello que ha generado la emoción, pero eso no te asegura que la emoción vaya a desaparecer; de hecho, lo que puedes haber hecho es simplemente enterrarla un poco, pero acabará saliendo más adelante. Según mi experiencia, esto es lo que suele pasar con emociones como el enfado, la tristeza y los celos. Si me enfado, pero consigo calmar la situación o me voy, soluciono el problema, ¿no? Entonces, ¿por qué me meto en el primer restaurante que veo y pido algo sin pensármelo? Si estoy triste, pero me digo a mí misma que de qué me sirve estar así si eso no va a cambiar nada, ¿eso me ayuda a sentirme mejor o lo único que consigo es sumar una sensación de impotencia a mi tristeza? Si tengo envidia porque alguien tiene algo que yo quiero y lo soluciono con dinero, ¿de verdad consigo satisfacer mis necesidades? Habrá veces que sí, pero otras que no.

Liberar las emociones lentamente

Las emociones viven en el cuerpo, y cuando las ignoramos y las intentamos reprimir acaban por salir de maneras que a veces resultan imposibles de predecir. Imagínate que es como una especie de volcán hirviendo a fuego lento en tu interior. Una ola de emociones hace que la lava se caliente y empiece a salir más humo, pero en vez de dejar que se libere, decides poner un tapón enorme en el conducto principal. Solucionado, ¿no? Pues no... La presión se irá acumulando en ese espacio cerrado hasta que sea demasiado tarde. Llegado ese punto, en vez de erupcionar como lo haría normalmente, toda la presión que se ha ido gestando saldrá sin previo aviso por una brecha que ni siquiera sabías que existía. Ahora te encuentras intentando entender qué está pasando y cómo solucionarlo. Si alguna vez alguien te ha hecho explotar por algo *a priori* sin mucha importancia, o de repente empiezas a llorar porque algún detalle no ha salido como querías, quizá ya sepas a qué me refiero. No deberíamos intentar tragar ni ocultar lo que sentimos. Si dejamos que la presión vaya saliendo poco a poco con contención y de una manera gradual durante unos días o semanas, no es que vayamos a prevenir una posible explosión al cien por cien, pero podemos disminuir el riesgo de que se produzca. A mí, esta opción me parece mucho más sana. Entiendo que te pueda crear bastante malestar y parecerte incluso abrumador si te han dicho toda la vida que estas emociones son malas, si te han enseñado a evitarlas o, si desde tu experiencia personal, estas emociones te han puesto en peligro. Quiero que sepas que, aunque una emoción pueda ser inaceptable o peligrosa para otra persona, no tiene por qué serlo para ti. Que hayas crecido en una casa en la que alguien demostraba explosiones impredecibles de ira no significa que a ti te vaya a pasar lo mismo. Tú no eres esa persona: permítete ser tú mismo.

Teniendo en cuenta todo lo que hemos aprendido, ahora te propongo unas cuantas preguntas para que te las formules:

- ¿Qué aprendiste en tu infancia sobre las emociones?
- ¿Cómo respondían a tus emociones las personas adultas relevantes de tu vida (padres, cuidadores, profesores)?

- ¿Cómo reaccionaba la gente cuando estabas triste y llorabas?
- ¿Cómo se mostraba el enfado en casa?
- ¿Cómo te sientes ante la idea de llorar delante de los demás?
- ¿Cómo te sientes al expresar con sinceridad a otras personas cómo te sientes?

CAPÍTULO 5

La cultura de la dieta

Todo el mundo nace dentro de la cultura de la dieta. Desde muy pequeños aprendemos que ciertos cuerpos son mejores que otros. Los cuerpos delgados son buenos cuerpos, mientras que los gordos son malos cuerpos. Si estás delgado, la sociedad te felicita, te halaga, te valora y te ve como a una persona buena, eficiente, disciplinada, limpia y con determinación. Si tu cuerpo no encaja con el canon, se te percibe como una persona vaga, avariciosa, indeseable, indisciplinada, desmotivada. En pocas palabras: no lo suficientemente buena.

La comida y los cuerpos están tan interconectados porque lo que comemos se convierte en parte de nuestro cuerpo: es un hecho innegable. La alimentación desordenada y la imagen corporal tienen tanto en común que, por mi experiencia, rara vez se da una sin la otra. Vemos la comida como una manera de manipular, esculpir y controlar nuestros cuerpos y darles la forma que queremos o, mejor dicho, la forma a la que la sociedad nos dice que debemos aspirar.

Hemos aprendido a conectar el atractivo estético con la salud y la valía hasta tal punto que el ideal estándar de salud ahora es el mismo que el estándar de belleza. El impacto que tiene esta realidad es mucho más fuerte y aterrador de lo que te imaginas. Los números que hablan de los trastornos alimentarios nunca han sido tan altos, mientras que los servicios sanitarios son incapaces de seguir este ritmo y nunca reciben la financiación necesaria. La cifra exacta varía, pero en un sondeo de 2020 que llevó a cabo el Comité de Mujeres e Igualdad se vio que el 61 % de los adultos y el 66 % de los niños en el Reino Unido tienen un concepto negativo de su cuerpo.[1] Esto significa que la mayoría no estamos contentos con nuestros cuerpos y, cuando este es el caso, las personas recurrirán a todo tipo de comportamientos y medidas, por lo general nada saludables, para conseguir tener el cuerpo sano que la sociedad espera. Estamos creando una situación totalmente paradójica, ya que creamos comportamientos que dañan nuestra salud con el objetivo de conseguir un estado, supuestamente, más saludable.

Este tema es muy amplio y tiene mil ramificaciones, por lo que cuesta saber por dónde empezar. Aun así, vamos a empezar por la opción que suele elegir la mayoría de la gente: hacer dieta para perder peso.

Va más allá del peso

Mucho de lo que nos han dicho sobre la salud y el peso no es más que una simplificación de cómo funcionan las cosas realmente. El índice de masa corporal (IMC) se creó como una herramienta basada en el grueso de la población y, por lo general, resulta útil usarlo cuando se trabaja con grupos grandes de personas. Sin embargo, aunque es un método rudimentario que no mide con precisión la salud de una persona, lo tomamos como referencia porque es sencillo, fácil de calibrar, no se necesita un equipo muy complejo y se relaciona con la salud en los extremos del espectro. Aun así, depender de un solo número para definir lo que es la salud nunca es una buena idea. Los seres humanos somos increíblemente complejos, al igual que los cuerpos, y no podemos ser reducidos a un solo número. Imagínate si determinásemos el estado de salud de alguien solo observando su presión arterial; creo que es bastante obvio que nos íbamos a perder información muy importante. Como resultado, acabaríamos diciendo, por ejemplo, que no están sanas aquellas personas que padecen «hipertensión de bata blanca», que es el fenómeno por el que a alguien le aumenta la tensión solo por el hecho de que se pone nerviosa por ir al médico. También asumiríamos que las personas con la tensión baja están sanas, aunque otros biomarcadores, como los niveles de azúcar en sangre, por ejemplo, podrían estar elevados y, por ende, podrían correr el riesgo de sufrir diabetes de tipo 2. Imagínate que vas al médico porque te preocupa lo mucho que te duele el abdomen y él se centra rápidamente en la tensión y lo único que te dice es que debes hacer algo para bajarla, aunque no tenga nada que ver con la dolencia por la que has ido. Qué frustrante, ¿verdad? Pues esto pasa muy a menudo, y lo sé porque la gente me lo dice. Lo sé porque las personas con cuerpos no normativos van al médico con mucha menos frecuencia por miedo a que no las escuchen de verdad y les den largas, lo que acaba haciendo que ignoren preocupaciones reales y graves que siguen avanzando antes de que las detecten y les den tratamiento.

Obviamente, no todos los profesionales sanitarios tratan así a la gente, pero sí los suficientes como para poder afirmar que existe un grave problema en esta sociedad. Los sesgos que hay sobre el peso han sido documentados en dietistas, doctores, enfermeras y psicólogos; por ejemplo, los psicólogos afirmarán que un paciente gordo presenta síntomas más graves y un peor pronóstico comparado con un paciente delgado, incluso si tiene perfiles psicológicos idénticos.[2] En 2013, una evaluación de becarios en los campos de la nutrición, la medicina y la enfermería mostró que el 98 % de ellos tenían cierto nivel de gordofobia y actitudes negativas hacia las personas con cuerpos más grandes.[3] Es una cifra desproporcionada e inaceptable.

No estoy aquí para decirte que no hay ningún tipo de relación entre el peso y la salud, por supuesto que la hay con algunos trastornos. Si volvemos al ejemplo de la tensión, hay casos en los que tener la tensión alta efectivamente puede significar que se padece hipertensión, lo que aumenta considerablemente el riesgo de enfermedades cardiovasculares y apoplejía. Sin embargo, dar por sentado que cualquier persona que esté por encima de cierto IMC no tiene una buena salud y que todas las que están por debajo sí la tienen es una visión muy perjudicial. Si te preguntaran a qué categoría de IMC se asocia el menor riesgo de muerte precoz, seguramente dirías la categoría de IMC «normal», que está entre un 18,5 y un 25. ¿Y sabes qué? Que te equivocarías. La categoría de índice de masa corporal con menor riesgo según millones de datos de información, de hecho, es la categoría de «sobrepeso».[4] En la población de la tercera edad, las personas con «sobrepeso» en realidad viven más que las que pesan menos.[5] Así pues, cuando les decimos a nuestros pacientes que entran en la categoría de «sobrepeso» que adelgacen, ¿hay más posibilidades de que les estemos poniendo en peligro?

El negocio de las dietas

Las dietas son un modelo de negocio con muchísimo éxito que se basa en el objetivo de encontrar clientes repetitivos. Cuanta más gente intente hacer dieta y no consiga perder peso, más beneficios ganan estas empresas. Si realmente hubiese una dieta que resultase muy efectiva en comparación con las demás, todo el mundo la haría, perdería peso y la industria tendría que recoger velas y desaparecer. Sin embargo, ese no es el caso. La mayoría de la gente que se pone a dieta, la sigue, pierde algo de peso y, después de un año, empieza a tener problemas para seguir con ella. Los estudios demuestran que entre un tercio o dos del peso perdido se vuelve a ganar en un año y casi todo el peso en cinco.[6] Otros estudios afirman que, en dos años, las personas que dijeron que habían intentado hacer dieta habían acabado aumentando de peso.[7] Aun así, hay gente que tiene mucho éxito al hacer dieta a largo plazo. Consiguen perder peso y se mantienen así durante años, pero hay que decir que estas personas son, sin duda, una minoría. Entonces, ¿por qué la mayoría descubre que es incapaz de perder peso como se propone haciendo una dieta y manteniéndose en el tiempo? Hay mucha gente que lo atribuye al hecho de que vivimos en un entorno que facilita a las personas con poca fuerza de voluntad que sigan comiendo y ganando peso; hay quienes incluso simplifican esta problemática aún más y lo achacan a que la gente no tiene fuerza de voluntad y punto. Yo, sin embargo, tengo una perspectiva de las personas mucho más optimista, que me permite observar y tener en cuenta muchos más matices.

Gracias a una encuesta internacional que se llevó a cabo en treinta países en 2020 se descubrió que el 45 % de las personas estaban intentando adelgazar.[8] Dentro de este grupo, la mayoría se había propuesto reducir el consumo de azúcar o la ingesta total de calorías. Un estudio de unos años antes (de 2016) que se centró en el Reino Unido mostró que la mitad de los británicos han intentado perder peso, y la mayoría intenta seguir una dieta todo el tiempo o la mayor parte de él.[9]*

La reacción de tu cuerpo ante una dieta

¿Es realmente razonable afirmar que la mitad de la población no tiene fuerza de voluntad? ¿Que no consigue los resultados deseados porque le falta motivación y disciplina para seguirla? No me lo creo, la verdad. Desde mi punto de vista, hay muchas razones por las que se hace tan difícil adelgazar y mantener la pérdida de peso. La primera es que contamos con una biología evolutiva básica, que demuestra que a tu cuerpo no le gusta que adelgaces. Hace muchas generaciones, los humanos vivíamos en un entorno donde no siempre había comida disponible y esto hacía que hubiese épocas en las que se hacían festines y otras en las que se pasaba hambre. Por lo tanto, tiene sentido que el cuerpo engorde con relativa rapidez en tiempos de abundancia y que lo pierda lentamente en tiempos de escasez. Tu cuerpo lo consigue ralentizando el metabolismo, desincentivando el movimiento para que no gastes tanta energía y ayudándote a conservar la que ya tienes almacenada. Tu cuerpo no sabe di-

* «El porcentaje de españoles que han realizado algún tipo de dieta o régimen en el último año [2022] se sitúa en un 21,6 %. Son más comunes entre las mujeres (24 % versus 19 %), entre las personas de veintiséis a cuarenta años (27,8 %), los que teletrabajan (31,6 %) o los que han perdido su trabajo o han estado en situación de ERTE (29 %). Los motivos habituales [...] son reducir peso o mantener la figura (70,4 %), así como mejorar la alimentación y salud en general (55,7 %). Casi todas las dietas realizadas por los españoles consisten en reducir la cantidad de comida ingerida (54,6 %) o eliminar algún producto o alimento concretos (51,3 %)». Véase «Más del 40 % de los españoles afirma no llevar una alimentación saludable», Atresmedia, 14 de noviembre de 2022, <https://www.atresmedia.com/objetivo-bienestar/actualidad/mas-40-espanoles-afirma-llevar-alimentacion-saludable_20221114636e3e83c3e4900001aff569.html>. *[N. de la e.].*

ferenciar si estás en un entorno donde no hay comida o si estás haciendo dieta voluntariamente. La intención en este caso no tiene mucha relevancia. Además, esto explica por qué mucha gente que hace dieta suele sentirse más cansada ya que no está obteniendo la suficiente energía para satisfacer sus necesidades diarias. A estas personas les cuesta moverse como lo harían normalmente. Además de esta disminución de la actividad, las hormonas que regulan el hambre aumentan, lo que las invita a comer más. Los estudios lo confirman:[10] las dietas rígidas se suelen interrumpir con periodos en los que se come mucho más, incluso cuando ni siquiera hay hambre.[11] En otras palabras, harás dieta y luego comerás más de lo que necesitas, lo que hará que te sientas mal y te culpes, por lo que volverás a ponerte límites y a hacer dieta. Y vuelta a empezar...

Otra razón por la que nos resulta difícil hacer dieta es la manera en la que funciona nuestra mente. En cuanto te dices que no debes hacer algo, lo empujas al primer plano de tu mente y lo único que consigues es pensar en ello cuando antes quizá no estaba ahí... Y, mira tú por dónde, ahora quieres hacerlo más que nunca. Por eso a las empresas de tabaco les encantan los carteles que prohíben fumar, y por lo que, si te pido que no pienses en cachorritos, tu mente es lo único que hará ahora mismo. Si te repites continuamente «no puedo comer chocolate», a tu cerebro lo que le llega es «comer chocolate», y por eso piensas en ello. De hecho, solo por haberte dado ese ejemplo, ya estoy pensando en chocolate. Antes de empezar con todo esto no lo tenía en la cabeza, o, si estaba por ahí, estaba totalmente fuera de mi proceso de pensamiento consciente. Sin embargo, ahora lo tengo muy presente y estoy pensando si tengo chocolate en casa y estoy catalogándolo para saber cuál es el que más me gusta y el que menos. ¡Y eso que no tengo hambre! La cosa no va de fuerza de voluntad: es simple y llanamente cómo funciona nuestro cerebro.

El entorno nutricional actual

Además de todo esto, tenemos que añadir el entorno en el que nos encontramos ahora mismo respecto a nuestra alimentación, que es muy diferente al que tuvieron nuestros ancestros. Muchos de nosotros vivimos en una posición privilegiada en la que ni siquiera tenemos que pensar de dónde vamos a sacar la siguiente comida, y tenemos acceso a alimentos casi las veinticuatro horas del día. Hay comida allá donde vayamos, y no alimentos sin más, sino comida deliciosa; tenemos aplicaciones que nos traen la comida a casa, podemos pedir la compra en línea y tenerla en la mesa en media hora, y disponemos de cajas con recetas que ya tienen todos los ingredientes medidos. Podemos conseguir la comida que queremos siguiendo un impulso inmediato en vez de valorar con detenimiento qué cocinar.

Suma todas estas razones por las que las dietas no le funcionan a tantísima gente, y añádele la narrativa de la sociedad que dice que estar gordo es lo peor que te puede pasar, y ya tienes el combo perfecto para que se produzca un desastre psicológico.

Hasta ahora he hablado solo de adultos, pero la cultura de la dieta también nos puede afectar en nuestra infancia. Los niños y las niñas cuyos padres los obligan a hacer dieta suelen tener más tendencia a comer cuando no tienen hambre y a tener sobrepeso más adelante,[12] lo que demuestra claramente el efecto opuesto que tienen los regímenes. Los adolescentes que reciben comentarios negativos sobre su peso muestran niveles más altos de conductas alimentarias dañinas, como por ejemplo, dejar de comer, purgarse o hacer comilonas.[13] Esto sucede tanto si los comentarios vienen por parte de la familia, como si proceden de amistades o de acosadores. Ya sean niños o adultos los que lo hagan, intentar avergonzar a alguien o burlarse de él no suele animar a perder peso, de hecho, lo que se consigue con este tipo de comportamiento es que se engorde más.[14] Los estudios demuestran con consistencia que las personas que sufren burlas y acoso por su peso tienen menos probabilidades de manifestar comportamientos favorables para su salud. Si te paras a pensar, tiene sentido: si te enseñan a sentirte mal con tu cuerpo y a que te dé vergüenza, no sueles tener el impulso natural de querer cuidarte y darle a tu cuerpo los nutrientes que necesita para mejorar. La humillación no ayuda a nadie.

Por la experiencia que he tenido en mi carrera profesional, he descubierto que una pregunta que suele ayudar a descubrir la historia de las personas con la comida y sus cuerpos es: «¿Qué aprendiste de tu cuerpo cuando eras pequeño?». La gente me cuenta que la llevaron a consultas de profesionales sanitarios en su infancia sin avisarla ni darle explicaciones, y allí la toquetearon, la examinaron y hablaron de ella. Las personas me cuentan que tuvieron que quitarse la ropa, ponerse una bata y subirse a básculas mientras un hombre al que no conocían de nada con una bata blanca los observaba con mucha atención y les contaba a sus madres todos los problemas que veía en ellas. Me explican todas estas situaciones con el miedo que viviría un niño. Después, me cuentan que, al llegar a casa, les ponían otra comida diferente que al resto de sus hermanos; a algunos les decían directamente que pesaban demasiado y tenían que hacer dieta, mientras que a otros les explicaban que les cambiaban el menú para mejorar su salud. Para mucha gente, estos recuerdos aún están muy presentes en su vida adulta.

¿Cuándo descubriste por primera vez que tu cuerpo estaba mal? ¿Que era demasiado grande? ¿Que era inaceptable? ¿Cuándo aprendiste que, según la talla que usaras, la gente sería más o menos amable contigo? El dolor que suponen estos aprendizajes en la infancia se queda muy adentro; los atraviesa hasta lo más profundo y les hace creer que no son suficientemente buenos. A estas personas suele esperarles una vida llena de dietas. Por lo que he podido ver, hasta que no tienen hijos y estos llegan a la edad que ellos tenían cuando empezaron con las primeras dietas, el miedo no vuelve a aflorar. Es como si su pasado con las dietas se les pusiera delante y, de repente, les asaltara el miedo de que sus hijos puedan seguir el mismo camino que ellos tomaron en su día. Solo en ese momento, cuando el problema se centra en sus hijos, son capaces de admitir lo doloroso, inútil, ingrato e interminable que ha sido el proceso de intentar ser «lo suficientemente bueno» cambiando su cuerpo. Llegados a ese punto se dan cuenta de que están agotados y hartos de la situación.

Si el mundo te dice que tu cuerpo no es suficientemente bueno, que, si no es normativo, no tienes atractivo ni motivación en la vida, sin duda intentarás hacer lo que haga falta por cambiarlo. La respuesta a tus problemas está delante de ti y la ves por todas partes: haz dieta. ¡Mira los cambios que ha conseguido toda esta gente que es como tú! Sin embargo, luego resulta que en tu caso no funciona, al menos no a largo plazo, así que lo vuelves a intentar, una y otra vez, pero no hay manera... Así que al final te quedas con la sensación de que no vales nada. Y esa es una idea horrible que nadie debería interiorizar porque no es cierta. El valor de una persona no tiene nada que ver con su peso. Las personas tenemos una valía intrínseca simplemente por el mero hecho de existir.

Mi intención no es decirte qué tienes que hacer. Si quieres hacer dieta, si quieres perder peso, si quieres cambiar tu cuerpo, hazlo; es tu cuerpo y tú decides: así debería ser. Eso sí, lo que quiero es animarte a que te pares un segundo a pensar y que te hagas esta pregunta: ¿por qué quieres hacer dieta? Damos por sentado que hacer dieta y volcar nuestras energías en perder peso es la mejor opción para mejorar nuestra salud, pero, para la mayoría de las personas, no es así. ¿Cuál es tu objetivo real? Si partimos de la base de que estar gordo es malo y que hacer dieta es sinónimo de salud, ¿qué otras opciones vas a plantearte?

Es hora de despertar tu curiosidad y de buscar alternativas a las dietas. Plantéate estas preguntas:

- ¿Cómo te sentirías al cerrar el bucle de las dietas?
- ¿Qué te parece la idea de valorar tu cuerpo sin importar qué talla necesitas o cuánto espacio ocupas?
- ¿Cómo crees que sería tu vida si tu objetivo fuese cuidarte en vez de castigarte?
- ¿Qué significaría para ti darle a tu cuerpo lo que necesita en lugar de negárselo y restringirlo?

Si has llegado a un punto en tu vida en el que ya no puedes hacer más dietas y estás harto de odiar tu cuerpo y de no cuidarlo, estás en el lugar correcto. He conocido a muchas personas como tú y te puedo asegurar que no estás solo. No tengo que conocerte para afirmar que tu valor como persona no depende de la talla que tengas; no necesito verte para saber que tu vida tiene valor. Eres suficientemente bueno. Quizá aún no te lo creas, pero puedes aprender a hacerlo, he visto cómo otras personas lo consiguen una y otra vez, y me parece algo maravilloso.

CAPÍTULO 6

La vergüenza

La vergüenza se cuela dentro sin que te des cuenta, busca la manera de meterse en tu cabeza y te dice que eres mala persona. Mientras que la culpa puede tener una función productiva en muchos casos, la vergüenza pocas veces la tiene. La culpa nos dice que hemos hecho algo mal, se centra en la acción; en cambio, la vergüenza nos dice que somos malas personas, se centra en la identificación. Esta emoción va más allá de la acción y llega hasta tu esencia más pura como persona.

La investigadora y autora Brené Brown describe la vergüenza como «una experiencia o sentimiento intensamente doloroso que nos hace creer que hay algo malo en nuestro interior y que por eso no merecemos que nos quieran ni pertenecer a ninguna comunidad». La vergüenza puede sentirse como si tuviésemos una piedra en el estómago o una espesa niebla recubriese nuestro cuerpo, o como una ola de calor que empieza en el abdomen y termina en la cara. Quizá haga que evitemos mirar a alguien a los ojos, que bajemos la cabeza o que intentemos pasar desapercibidos. La vergüenza puede doler físicamente.

Para que alguien sienta vergüenza se tienen que dar una serie de condiciones. La primera es que tenemos que ser conscientes de que hemos transgredido alguna especie de norma; también debemos creer que dicha norma es importante y que deberíamos cumplirla, y la última pieza para completar el puzle es recibir el juicio de alguien, ya sea una persona real o imaginaria.

La vergüenza no es intrínsecamente mala, pero puede ser perjudicial para nosotros si sentimos demasiada o no conectamos con ella lo suficiente. Si no sientes culpa ni vergüenza en general, ello implicará que tratas a los demás de una forma desconsiderada. Una de las razones por las que no te quitas los zapatos y los calcetines en un avión es por miedo a que otro pasajero te llame la atención, y eso está bien. Sin embargo, muchas de las personas que acuden a mi consulta han sentido demasiada vergüenza a lo largo de su vida y esta emoción las controla más de la cuenta.

Comer a escondidas

Cuando entramos en el terreno de la comida, la vergüenza hace que las personas intenten esconderse. La vergüenza te dice que la conducta que estás mostrando a la hora de comer te convierte en una mala persona, en alguien que no vale nada, por lo que no se lo puedes contar a nadie, porque si no te juzgará. Incluso aunque sepamos de manera lógica y racional que las personas de nuestro entorno serán comprensivas y compasivas con nosotros, la sensación tan desagradable que nos genera la vergüenza se pega a nosotros como una sedienta sanguijuela. El miedo a que nos juzguen y nos humillen es tan intenso que suele vencer a cualquier otro argumento racional que nos demos.

Veo muchas similitudes entre la gente que come a escondidas y la que tiene una aventura. La psicoterapeuta y experta en relaciones Esther Perel ha escrito muchísimo y con mucho acierto sobre la infidelidad. Explica que parte del atractivo está en el secretismo, que hay algo rebelde y emocionante en la esencia prohibida que implica una aventura. Sin embargo, una vez que se descubre y la pareja puede vivir su historia en público, se pierde esa atracción. Muchas parejas se acaban separando en este punto de la relación porque ya no tienen ese chute de adrenalina; a partir de entonces, la relación parece vacía y mundana en comparación con lo que sentían antes, pierde todo su poder seductor. Cuando la gente come a escondidas se genera una sensación parecida, pero, en vez del deseo sexual, es la vergüenza la que nos lleva a escondernos, y al escondernos alimentamos más dicha emoción. Cuando alguien nos descubre y nuestro secreto sale a la luz, cuando recibimos compasión y comprensión de los demás, en vez de juzgarnos, el nerviosismo, las ganas que teníamos antes de comer y el acto de rebeldía se desvanecen. Este comportamiento ya no supone un gran problema, así que suele hacerse con menos frecuencia porque se ha roto el bucle de vergüenza en el que caíamos.

Lola era una universitaria que vivía con sus padres para no gastar más de lo necesario con sus estudios. Acudió a mi consulta porque se dio cuenta de que, cada vez que sus padres estaban fuera trabajando, se hinchaba a comer. Llegaba de la universidad, se aseguraba de que no había nadie en casa y asaltaba la nevera. Me dijo lo frustrada que estaba porque no entendía por qué lo hacía, ya que tenía claro que no era por hambre. Para tratar de hacer frente a esta situación intentaba restringir su comida durante el día, pero al volver a casa comía incluso más. Bueno, si no había nadie allí, claro. Si sus padres estaban en casa, en la cocina, cogía algo para picar y punto. Por lo visto, Lola también comía a escondidas después de salir del colegio cuando era pequeña para no escuchar los comentarios de sus padres. Cuando empezamos a analizar y establecer los paralelismos entre las dos etapas (en su infancia al salir del colegio, y ahora, de adulta, en la universidad), comenzó a entender lo que estaba pasando y dejó de juzgarse tanto a sí misma. En esos dos momentos de su vida, después de estudiar, volvía a casa donde vivía con sus padres y comía a escondidas para evitar que la juzgaran. En cuanto empezó a trabajar y se fue de casa, prácticamente dejó de hacerlo porque la vergüenza y el miedo que tenía a que la señalaran y le hicieran comentarios prejuiciosos desapareció.

La conexión entre la vergüenza y la comida va más allá de lo que parece obvio. Cuando conocí a Pietro, solía comer en exceso con regularidad; lo hacía varias veces a la semana y solo cuando estaba solo. Si estaba con más gente, se podía decir que comía con normalidad, en el sentido de que no comía ni poco ni demasiado: comía hasta que se saciaba, lo disfrutaba y todo iba bien. Sin embargo, había algo en el hecho de estar solo con sus pensamientos y sus emociones que le resultaba demasiado difícil y le hacía recurrir a la comida. Hasta ese momento, por lo que me había explicado en terapia, había descubierto que era gay cuando era bastante joven; se lo dijo a sus padres y todo fue bien, se lo dijo a sus amigos y también lo aceptaron. A pesar del apoyo que recibió, a Pietro le daba miedo conocer a chicos. Me dijo: «Ya había hecho sufrir bastante a mis padres, así que no quería, encima, llevarles un novio a casa». Sabiendo que la experiencia que había tenido al salir del armario había sido positiva, me sorprendió su comentario. Ahí había una contradicción y, por mi experiencia, señalar este tipo de cosas y analizarlas un poco mejor suele ayudarnos a descubrir puntos importantes. En el caso de Pietro, aunque su familia y sus amigos más íntimos le aceptaban, él no se aceptaba a sí mismo; sentía que su sexualidad era una carga y una molestia para las personas de su entorno. Para ponerlo en sus palabras, la teoría era que no le importaba ser gay, pero si llevaba a un novio a casa o se lo presentaba a sus amigos, su sexualidad no solo era una etiqueta, sino que se convertía en una realidad. Pietro se avergonzaba de esa parte de él y del sexo por el que se sentía atraído; en nuestro proceso terapéutico identificamos que sufría homofobia interiorizada. A pesar de todos los avances que hemos hecho en esta sociedad, sigue habiendo muchos mensajes que nos transmiten que, si te sales de la «norma» de la heterosexualidad, tienes un problema. Muchos niños y niñas que forman parte de la comunidad LGTBQ+ crecen pensando que no son normales y que sus deseos son algo de lo que deben avergonzarse.

La manifestación externa de una lucha interna

Existe una conexión documentada entre la homofobia interiorizada, los problemas de imagen corporal y los atracones.[1] El cuerpo es el objeto que genera el deseo y lo que desea se entiende como algo malo e incorrecto, por lo que se asume que el cuerpo también es malo. Como hay miedo a ser juzgados, se intenta ocultar y el encubrimiento genera vergüenza. Cuando esto se manifiesta, puede llevar a las personas a darse atracones, o a otra forma de alimentación emocional, con la intención de castigar al cuerpo por no ser lo suficientemente bueno o «correcto», o por desear algo prohibido e inaceptable. Lo que desde fuera se presenta como comer emocionalmente es, en el fondo, una incapacidad para aceptarse a sí mismo. Esto, como muchísimas otras cosas, se aprende; nadie nace con la idea de que no es suficientemente bueno, nadie nace sintiéndose mal. Sin embargo, en algún punto de nuestras vidas, interiorizamos estas ideas si estamos expuestos a ellas.

Cualquier tipo de vergüenza o creencia puede exteriorizarse en el cuerpo; parece un objetivo más fácil, porque podemos cambiarlo. Entendemos que el cuerpo es algo que podemos controlar y la comida es la manera de conseguirlo, así que lo que empieza siendo una emoción de vergüenza se alimenta a través del odio y del castigo al que sometemos al cuerpo. La comida es el vehículo para lograr nuestra meta; así pues, después de comer, aparecen más emociones de vergüenza y culpa, a las que se suma la voz crítica (que luego explicaré con más detalle). Este nuevo elemento intensifica el bucle en el que se ha entrado. Para algunas personas, este proceso acaba llevando a la práctica medidas drásticas para compensar las transgresiones, como la purga, la restricción o hacer ejercicio de manera compulsiva.

Por esta razón, la imagen corporal negativa suele describirse como una manifestación externa de una batalla interna. Es mucho más fácil centrar la atención en el cuerpo. Es mucho más aceptable socialmente decir: «Quiero cambiar mi cuerpo» (algo externo) que «Siento que soy una persona insuficiente» (algo interno). Muchas veces, nuestra incapacidad para aceptarnos no acaba de encajar con nuestra mentalidad progresista en temas como la sexualidad. Esta disonancia cognitiva, la cual nos permite sostener dos creencias contradictorias a la vez, nos chirría, por lo que intentamos solucionar el problema de una manera que nos ayude a entender mejor la situación. El cuerpo nos permite centrarnos en algo más sencillo, y no solo porque el hecho de odiarlo y querer cambiarlo sea aceptable para la sociedad, sino también porque es de las primeras cosas en las que se fija la gente cuando nos ve. Es un objetivo bastante claro. Cuando centras la atención en tu cuerpo, tu mente se relaja porque cree que va a resolver el problema. La cuestión es que, lamentablemente, no es así; al menos, no a la larga. Si queremos solucionar el problema de verdad, la respuesta es trabajar la autoaceptación.

Un comportamiento aprendido

La vergüenza también se aprende, la aprendemos a través de la forma en que las personas que queremos tratan a los demás, de cómo se tratan a sí mismas y de cómo nos tratan a nosotros. En el caso más extremo es lo que sucede cuando los maltratadores culpan a sus víctimas de lo que han hecho. Si esto nos pasa cuando somos pequeños, podemos interiorizar la idea de que tenemos la culpa de lo que nos ha pasado. En cualquier caso, en situaciones de maltrato, sentir vergüenza y echarse la culpa a uno mismo suele ser un mecanismo de supervivencia, ya que defenderse o poner límites puede conllevar un castigo severo. Sentimos que debe de haber algo inherentemente malo en nosotros para que nos traten así. Esto puede llevarnos a pensar que merecemos lo que nos ha pasado y debemos sentirnos avergonzados por ser quienes somos. También nos hará creer que no podemos confiar en nosotros mismos, lo que alimenta aún más el ciclo de maltrato. Las experiencias que generan un sentimiento de vergüenza vividas durante la infancia pueden arraigarse en nuestra identidad, lo que nos puede hacer creer que los demás no nos aceptarán nunca, que no merecemos que nos quieran ni construir vínculos con otras personas. Aun en casos menos extremos, nuestros principales cuidadores pueden enseñarnos que debemos avergonzarnos de quienes somos. Aunque no sea su intención, si no nos escuchan, si no atienden con cuidado nuestras emociones y preocupaciones, si nuestros padres nos ponen a dieta aunque sea «por nuestro bien», si escuchamos a nuestra familia hacer comentarios despectivos sobre el cuerpo de otras personas, todo esto puede hacer que interioricemos la idea de que no somos lo suficientemente buenos y que debemos avergonzarnos de ser quienes somos.

Ya lo he dicho antes, pero voy a repetirlo: no estoy aquí para culpabilizar a nadie. Las personas solemos juzgar y humillar a otros sobre aspectos en los que nosotros mismos nos sentimos vulnerables a la vergüenza. Este comportamiento distrae la vergüenza que podemos sentir y la dirige hacia otra persona; por ejemplo, las personas que se burlan de la gente gorda suelen sufrir gordofobia interiorizada. La gente que señala a otras personas por su manera de comer suele sentirse muy insegura en lo que respecta a la comida. Las personas que se relacionan de una forma sana con la comida no juzgan a los demás por lo que comen porque saben perfectamente que no es asunto suyo. Sí, es cierto que hay gente que lo hace porque quiere que mejoremos, creemos que es una herramienta que funciona para conseguir que los demás cambien, a pesar de que los estudios han confirmado una y otra vez que no es así. Dicho esto, el motor que fomenta la humillación habitualmente es la inseguridad.

Teniendo en cuenta que la mayoría de las personas se siente insegura con su cuerpo, no es extraño que la vergüenza corporal *(body shame)* sea una categoría en sí misma. De hecho, es tan común que se diferencian dos tipos. La *vergüenza corporal actual* es la que se siente respecto a la forma que tiene nuestro cuerpo en el momento presente, mientras que la *vergüenza corporal anticipada* se da en los casos en los que sentimos vergüenza simplemente con la idea de ganar peso. En otras palabras, tiene la habilidad de afectar a cualquier persona sin importar las proporciones que tenga su cuerpo. Puedes darle las gracias a la gordofobia social por este regalito.

Brené Brown afirma: «La vergüenza nos repite dos frases hasta la saciedad: "nunca serás lo suficientemente bueno", y, si consigues derrocar esa, te lanza esta otra: "Pero ¿tú quién te crees que eres?"». Y la verdad es que lo veo en mis pacientes cuando me dicen cosas como...

«No debería ponerme tan nerviosa por la comida».

«No debería ser tan difícil. Tendría que poder contenerme».

«Estoy gorda por mi culpa».

«Me da tanta vergüenza que no puedo afrontar la situación y comer con normalidad».

«No le puedo contar a nadie por lo que estoy pasando. Ya no me verán igual...».

He tratado con demasiadas personas que se avergüenzan del tipo de alimentación que tienen y de sus conductas alimentarias; he estado sentada delante de individuos que lloraban por la vergüenza que sentían por haber comido por estrés la noche anterior; he sido testigo de la frustración que sienten quienes se avergüenzan de ser incapaces de comer lo necesario para engordar durante el proceso de recuperación de un trastorno de la conducta alimentaria; he tenido que oír a gente a la que considero inteligentísima llamarse idiota por no ser capaz de comer «normal»; he escuchado a demasiadas personas echarse la culpa de cosas que no tienen nada que ver con ellas. Entiendo perfectamente por qué se sienten así. Dicen: «Es que la gente no lo entiende», y tienen razón. Si la comida no ocupa mucho espacio mental para ti, si no sabes lo que es vivir siguiendo una alimentación desordenada, sin duda no tendrás ni idea. Y, desgraciadamente, la falta de comprensión conduce a comentarios despectivos, suspiros de exasperación y juicios que no aportan nada, sino que solo alimentan la vergüenza que ya sienten estas personas.

Siento una profunda admiración por todos aquellos que hablan abiertamente conmigo de la vergüenza que sienten. Es una emoción de la que cuesta hablar y ante la que, además, cuando consigues acercarte para conectar con ella, tu instinto te dice que te tapes y que te protejas. Así que me parece muy normal que queramos escondernos, alejarnos de ella o fingir que no existe. Nombrarla y plantarle cara es una de las cosas más difíciles que podemos hacer en esta vida. Uno de mis clientes describió este proceso como saltar de un avión sin asegurarse de que llevas el paracaídas puesto.

El dolor de la vergüenza

La vergüenza puede hacernos daño, debilitarnos y hacer que nos sintamos peor con nosotros mismos que antes. Mientras que la culpa suele dejar espacio para la mejora (sobre todo después de pedir perdón sinceramente), con la vergüenza solo suele haber una voz crítica incesante. Por esta razón, no nos sorprende que la vergüenza se relacione muchísimo con la depresión, la ansiedad, los trastornos de la conducta alimentaria, la baja autoestima, la agresividad y mucho más. Las personas que tienden a conectar con esta emoción suelen tener una visión interiorizada de que todo es por su culpa. En vez de pensar: «Me he equivocado, me siento mal, voy a pedir perdón», sus pensamientos giran en torno a sí mismos: «Soy imbécil, no hago nada bien». Las personas que suelen sentir vergüenza tienden a crear una narrativa acorde sobre sí mismas y repetírsela hasta creérsela a pies juntillas. A partir de entonces analizan todas sus experiencias vitales a través de esta lente de no ser lo suficientemente buenos.

La vergüenza es la emoción que prepara el terreno depresivo que acaba llevando a la adicción, incluyendo el abuso del consumo de alcohol y la ludopatía. También es el motor que anima a hombres y mujeres a darse atracones de comida. De hecho, las comilonas pueden ser un intento de gestionar esta emoción, ya sea para reprimirla o para intentar ignorarla (como con otras tantas emociones), o para castigarnos por sentirla. La vergüenza lleva a la gente a darse atracones, y eso, a su vez, genera aún más vergüenza y malestar después. Viendo que se crea un círculo vicioso tan dañino, ¿por qué no se rompe? ¿Cómo es posible que el cerebro no se dé cuenta de que no funciona? Quizá nos hayan enseñado de pequeños que, si queremos hacer un cambio positivo en nuestras vidas y mejorar, tenemos que sufrir lo indecible para conseguirlo. Tal vez figuras de autoridad de nuestra vida nos han animado a hacerlo; incluso quizá estas mismas figuras, ya sean padres, cuidadores o profesores, nos han humillado. Si hemos construido nuestros cimientos con ayuda de la vergüenza, seguiremos topándonos con ella hasta que la saquemos de nuestro sistema. No es algo que nos sea útil, no es una herramienta a largo plazo: lo único que hace es generar secretismo, miedo, desconexión, insatisfacción, infelicidad y confirmar la idea de que no somos lo suficientemente buenos.

La vergüenza ocupa este espacio dual, donde se presenta como causa de la alimentación desordenada y un muro que nos impide cambiar. La vergüenza nos paraliza, el miedo a sentirla o a sentirnos juzgados, en el presente o en el futuro, es tan fuerte que nos impide avanzar hacia la aceptación, la compasión y el cuidado de nosotros mismos con más amabilidad. Lo bueno que tiene el miedo es que puedes afrontarlo y atravesarlo hasta dejarlo atrás.

- ¿Qué te da miedo que pase si te abres con alguien y le cuentas aquello de lo que te avergüenzas?
- ¿Por qué te da miedo dejar de odiar tu cuerpo? ¿Qué crees que pasará?
- ¿Qué te gustaría que pasara?

PARTE III

Muros

CAPÍTULO 7

Mecanismos de defensa

Freud ha entrado en el chat.

Sigmund Freud no tiene muy buena reputación que digamos; incluso se podría decir que, en estos momentos, no es un personaje muy popular. A pesar de sus hábitos excéntricos y, en algunos aspectos, su inusual visión del mundo, no se puede negar que hubo un tema en el que se erigió (efectivamente, la elección del verbo no es casual) por encima del resto: los *mecanismos de defensa*, aunque él los llamó *mecanismos de defensa del yo*. Más tarde, su hija, Anna Freud,[1] elaboró sus ideas y desarrolló el concepto hasta convertirlo en el conocido fenómeno que hoy en día usamos en cualquier tipo de conversación.

Aunque hay muchas categorizaciones y tipos de mecanismos de defensa, me voy a centrar en los que, según mi experiencia, parecen más relevantes en lo que se refiere a nuestra relación con la comida.

Negación

Todo el mundo tiene mecanismos de defensa y los usamos para intentar protegernos. El más obvio, y quizá el más común, es la negación. Cuando la realidad se nos hace demasiado dura y no podemos aguantar más, la negación nos ayuda a bloquearla, ya que rechazamos aceptar su existencia. En nuestro día a día, este mecanismo de defensa resulta increíblemente útil. Si ponemos como ejemplo la pandemia de COVID-19, el hecho de ser conscientes del riesgo que corríamos de enfermar cada minuto de cada día nos hubiese mantenido en un estado de hiperalerta que hubiese sido demasiado abrumador e imposible de sostener. A veces, necesitamos entrar en negación para poder seguir con nuestras vidas, ir a trabajar, lavar los platos, cocinar, cuidarnos o cualquier otra cosa que necesitemos. En este sentido, este mecanismo de defensa tiene sus beneficios. Por supuesto, también podemos utilizar la negación en nuestro día a día para evitar afrontar emociones dolorosas o aspectos de nuestra vida que desearíamos que no estuvieran pasando. Estos casos, sin embargo, puede que no nos ayuden a largo plazo o que directamente acaben haciéndonos daño. Por seguir con el ejemplo anterior, negar la existencia del COVID mientras cocinábamos o veíamos la tele podemos decir que resultaba beneficioso, pero usar la negación para planificar una reunión entre amigos durante la pandemia era algo que podía tener graves consecuencias.

Si tienes una relación difícil con la comida, negarlo puede impedir que busques la ayuda y el apoyo que necesitas. Te mantiene exactamente donde estás y te ayuda a evitar el cambio. He usado el verbo *ayudar* porque la incertidumbre que acompaña al cambio suele asustarnos lo suficiente como para hacernos creer que lo que tenemos ahora es mejor. Esta es una de las razones por las que tantas personas mantienen relaciones que no las hacen felices, por ejemplo; preferimos tener la certeza de ser infelices a la incertidumbre que nos espera si rompemos con alguien. Muchas veces elegimos la incomodidad y el dolor en lugar de afrontar lo desconocido, lo nuevo.

Si una persona entra en negación ante el hecho de que ha desarrollado un mecanismo de afrontamiento para gestionar sus emociones (ya sea a través de la comida, el alcohol o las drogas), no suele querer admitirlo ni buscar ayuda. Alguien que tiene este mecanismo de defensa activo no suele estar muy receptivo, así que no escucha. Aunque nos cueste, a veces lo que hay que hacer es dejar a las personas que pasen por ahí un tiempo. No podemos forzar a nadie a salir de la negación. Quizá lo consigamos durante un tiempo, pero, en cuanto pueda, volverá al mismo punto. La negación puede resultar acogedora, familiar y reconfortante en comparación con lo desconocido o con aquello que la persona está intentando evitar.

A veces me encuentro con personas que vienen a la consulta y me hablan del malestar que sienten al ver la relación que tienen con la comida. No les cuesta nada admitir que no se relacionan con la comida como les gustaría ni pedirme ayuda para poder mejorar. Sin embargo, cuando las confronto con las posibles razones que las llevan a comer así, ya sea como consecuencia de una experiencia traumática, la vergüenza, la cultura de la dieta o la represión emocional, de repente aparece una negación enorme o un gran rechazo a admitir que hay un problema que solucionar, sobre todo si es algo incómodo. Creo que la gente prefiere mil veces más afrontar la narrativa de «estoy engordando, así que tengo un problema», que pararse a analizar los motivos que la ha llevado hasta ahí y que la hacen relacionarse con la comida de esa manera. Entiendo perfectamente por qué a tantísima gente le resulta mucho más fácil hablar de los kilos que ha ganado que de un trauma de su infancia. Lo que nos cuesta ver muchas veces es que la comida es la solución, no el problema. Y sé muy bien que esta no es una verdad que queramos escuchar.

El duelo y la negación

La negación se suele considerar la primera fase del duelo. Sin un orden concreto durante el proceso, las personas oscilan entre la negación, la depresión, la negociación y la rabia, con la esperanza de acabar llegando a la aceptación. Personalmente, he lidiado mis propias batallas contra la evitación y la negación. El ejemplo más fuerte que puedo compartir es lo que viví tras la muerte de mi padre. Murió repentinamente: un día estaba sano como un roble, y recorría un montón de kilómetros en bici varias veces por semana y, al siguiente, su corazón se paró de golpe. Tenía cincuenta y ocho años. En ese momento de mi vida, yo ya estaba yendo una vez por semana a terapia y, como era de esperar, gran parte del tiempo que pasaba allí se lo dedicaba a este tema. Unas semanas después de su muerte, mi terapeuta me preguntó cómo estaba y le contesté que en realidad estaba bien. Me miró fijamente a los ojos y me dijo: «Si crees que estás bien, algo no va bien, nada bien». Por desgracia tenía razón. Había estado evitando pasar por el proceso de duelo porque era demasiado doloroso y porque me contaba la historia de que tenía demasiado trabajo que hacer. En mi cabeza estaba claro: no tenía tiempo para hacer ningún duelo. Por supuesto, no era más que una excusa: en realidad, lo que no quería era aceptar lo que había pasado. Mi terapeuta me animó con suavidad a reservar un tiempo cada día para procesar mi dolor. A regañadientes, lo intenté y descubrí que acababa llorando cada día. Al principio me sentí peor y me enfadé con mi terapeuta por obligarme a pasar por todo aquello. Mi cerebro empezó a buscar soluciones con sueños en los que mi padre seguía vivo o perdiéndome en fantasías que me dejaban volver atrás y salvarlo. Mi fase de depresión era tan intensa que cada vez que lloraba me sentía peor que antes. Mi terapeuta me sostuvo y me acompañó para que pudiera sacar todas estas emociones y algunas más. Con el tiempo, al repetir las conversaciones y el procesamiento de emociones una y otra vez, llegué a la aceptación. Esto no significa que a veces no me ponga triste ni que haya dejado de echarlo de menos. Lo que sí significa es que la mayor parte del tiempo puedo hablar de lo que pasó sin que las emociones se apoderen de mí. El proceso fue doloroso y largo, pero valió la pena, sin duda.

Aunque asociamos el duelo con la muerte, hay muchísimas otras pérdidas que vivimos a lo largo de nuestras vidas, como la pérdida de la infancia que creímos (o deseamos) tener. También existe la pérdida del «buen padre» o de la «buena madre». Cuando alguien ha sufrido maltrato en su infancia, quizá ha etiquetado a sus padres como una «buena figura parental» y una «mala figura parental».* Roger tuvo un padre que lo maltrataba físicamente, así que eso lo convirtió en el mal padre, mientras que su madre se convirtió en la buena figura parental. Durante su proceso terapéutico, Roger empezó a darse cuenta de que su madre le había nega-

* En realidad, este es un proceso totalmente distinto en la psicoterapia psicodinámica, conocido como *escisión*, que es el mecanismo de defensa mediante el cual separamos a la gente o a las cosas en dos extremos: blanco o negro, bueno o malo.

do su atención y cuidados, y a veces incluso había sido cruel con él. Su madre había sido incapaz de satisfacer sus necesidades y de protegerlo de su padre, así que tuvo que hacer el duelo por la pérdida de la «buena figura» en que había convertido a su madre para poder observar la situación y las experiencias que había vivido con más detalle y objetividad. A pesar de que este proceso fue doloroso, lo ayudó a acercarse más a un lugar donde encontró más aceptación y paz que antes.

Es lo que tienen la negación y la pérdida: al final, encontramos la recompensa de la aceptación. Cuando llegamos a esta fase, nos encontramos en un lugar hermoso y lleno de paz en el que somos conscientes de la realidad de lo que hemos vivido sin que la vergüenza, el dolor, la tristeza o la rabia se apoderen de nosotros.

Negación y aceptación

A muchas personas con las que hablo les cuesta entender o no acaban de tener muy clara la idea de *aceptación*. Hay una serie de malentendidos o ideas equivocadas al respecto que surgen con frecuencia.

Algunos malinterpretan la aceptación y la entienden como una rendición o la resignación ante lo que ha pasado, a pesar de que no es así. Si tú también tenías esta idea, te animo a que leas con atención lo que voy a explicar para separar bien estos términos.

Hay quienes se sienten muy cómodos viviendo en la negación. El dolor que supone hacer frente a la realidad es demasiado intenso, las emociones que la acompañan son abrumadoras y hay muchísimos recuerdos. La negación puede sentirse como una burbuja en la que protegerse si la comparamos con la idea de afrontar nuestra peor pesadilla. Sin embargo, esta burbuja es una ilusión que lo que hace es bloquearte y «encogerte».

Otros tienen muy claro que no merecen alcanzar un estado de libertad y aceptación porque creen que lo que les sucedió es culpa suya. Se sienten culpables, por lo que sienten que deben seguir sufriendo. Si es tu caso, por mucho que te diga que no es así, la realidad es que tienes que encontrar la manera de creértelo. Dime una cosa: ¿cuál es la sentencia apropiada para el crimen que supuestamente has cometido? ¿Cadena perpetua? ¿Se la impondrías a otra persona que haya pasado por lo mismo? Lo dudo.

Otros consideran que para llegar a la aceptación hay que perdonar y sienten que no pueden hacerlo. ¿Por qué? Porque creen que *perdonar* significa justificar lo que ha pasado. Aceptar lo que te ha pasado no significa que te parezca bien ni justo. Algunas de las cosas que nos suceden no nos parecerán bien nunca y siempre serán horribles e injustas. Aceptación significa que lo entiendes, que lo reconoces, que lo ves, que lo puedes nombrar y que eres capaz de seguir adelante en vez de hundirte en ese pozo o negar que te ha pasado.

Quizá te parezca estupendo que te diga que llegar a la aceptación nos aporta paz y calma, pero entiendo que, si no lo has vivido en tus propias carnes, te pueda dar respeto e incluso parecer peligroso. Lo que te puedo asegurar es que todas las personas con las que he hablado también me han dicho que vale la pena.

Quizá te parezca extraño que te pregunte qué te estás negando porque, en realidad, si estás en fase de negación, no lo vas a saber, ¿no? Pero resulta que a veces sí lo sabemos, en nuestro interior, y quiero que intentes conectar con esa emoción, ese centro. ¿Qué realidad te estás negando a ver? ¿Qué pérdidas no te has dejado sentir? ¿Qué te ha hecho desconectar y cerrar el corazón? ¿Qué emociones finges no tener? ¿Qué te viene a la cabeza cuando hablo de aceptación? Cualquier cosa que saques a la luz y te genere una reacción intensa seguramente significa que es de ahí de donde tienes que tirar.

Proyección

La proyección es otro mecanismo de defensa del que cada vez se oye más hablar. La proyección se produce cuando trasladamos a otra persona nuestros pensamientos, emociones y motivos no deseados, transfiriéndole así la propiedad de esos sentimientos. Un ejemplo podría ser un marido que le está poniendo los cuernos a su mujer y sospecha que ella le está siendo infiel. Cuando proyectamos en los demás, lo que conseguimos es evitar identificar nuestros pensamientos y emociones, responsabilizarnos de ellos y afrontarlos. Le echamos la culpa a otra persona y así el dedo acusador no recae sobre nosotros. El marido infiel sabe que es él quien está traicionando a su mujer, pero, en vez de afrontar lo que está haciendo, la acusa a ella de hacerlo. Si nos sentimos inseguros con nuestro cuerpo, quizá nos pasamos más tiempo juzgando a los demás y haciendo comentarios innecesarios sobre sus cuerpos para no tener que mirar el nuestro y afrontar las emociones que nos genera.

Suposiciones

Todo el mundo tiende a hacer suposiciones sobre los demás. Lo hacemos sobre todo al dar por sentado que la gente piensa, siente y reacciona igual que nosotros. Pero ¡ojo!: las cosas no funcionan así. En mi consulta, esto puede suponer un problema cuando mis clientes asumen que las personas de su entorno los van a juzgar y humillar por los problemas que tienen con la comida o que van a reírse del cuerpo que tienen simplemente porque es lo que hacen ellos. No confiamos en los demás porque no confiamos en nosotros mismos. Sí, nuestras experiencias pasadas pueden influir, pero también tenemos que ser conscientes de que proyectamos nuestras creencias sobre nosotros mismos en los demás.

Racionalización

La racionalización es un mecanismo de defensa que utilizan muchas personas a las que considero especialmente inteligentes. Hay gente que ve este mecanismo como una excusa, pero yo lo entiendo más como una manera de evitar confrontar las emociones. Las personas lo usan para evitar centrarse en los sentimientos y apoyarse en la lógica. Vuelvo a repetir que esta no es una decisión consciente que tomamos cuando más nos conviene, sino que se trata de una respuesta automática que el cerebro emplea para protegerse del dolor potencial y la sobrecarga emocional. Racionalmente, podemos saber algo, pero en nuestro interior podemos creer algo totalmente distinto. Me he pasado muchas horas trabajando con clientes muy lógicos y racionales, pidiéndoles que intentaran dejar sus argumentos racionales a un lado. Les digo: «De acuerdo, ahora ya sabemos qué piensa tu parte racional, ¿te parece bien si la apartas un momento y nos acercamos a tu yo emocional para que nos diga qué opina?». A alguien que ha sufrido abuso sexual, su parte racional le dice que no es culpa suya, pero si en su interior siente que ha hecho algo para merecérselo, esa emoción será la que gane la partida. Y eso será lo que influirá en sus pensamientos y comportamientos. Sin embargo, esa creencia suele ser una verdad mucho más incómoda, y por eso recurrimos a la racionalización, porque nos ayuda a sentir que nuestros pensamientos tienen más sentido tanto para nosotros como para los demás. Y como te podrás imaginar, nos cuesta incluso más admitir esas emociones si oímos frases como: «¿Cómo puedes pensar algo así?» o «Seguro que sabes que eso no es verdad». Nuestra mente racional sí lo sabe, claro, pero si emocionalmente hay una resistencia y nos contamos otra historia, esta tendrá más peso.

Si te está costando entenderlo, imagínate que tu parte lógica y tu parte emocional son dos personajes diferentes. ¿Qué se dirían el uno al otro? ¿En qué puntos no coincidirían en el relato de la experiencia que has vivido? Cuando concedes espacio a ambas partes para que se expresen, sin darle más poder a la razón que a las emociones, quizá te sorprendas con lo que descubres.

Como todos los mecanismos de defensa, la racionalización aparece con la función de protegernos. Sin embargo, es el muro que nos impide encontrar una manera mejor y más sana de relacionarnos con la comida y con nosotros mismos porque no nos deja conectar con nuestras emociones y con lo que realmente pensamos de nosotros. Hasta que no seamos capaces de identificar nuestras creencias básicas no podremos trabajar para transformarlas. Hasta que no sepamos reconocer nuestras emociones, por muy dolorosas e incómodas que sean, no dejaremos de usar la comida o cualquier otro mecanismo como herramienta para reprimirlas.

Comparación social

A pesar de que Anna Freud hizo un trabajo impresionante sobre los mecanismos de defensa, uno que no identificó fue la comparación social. Los seres humanos mostramos una tendencia natural a compararnos con los demás; es la manera que tenemos de autoevaluarnos, por así decirlo. Esta herramienta es muy útil, ya que nos permite hacernos una idea de nuestra posición social y, en pequeñas dosis, compararnos con quienes están un poco por encima de nosotros puede motivarnos y alimentar nuestra ambición. Esto se conoce como *comparación social ascendente*. Sin embargo, si abusamos de este mecanismo, puede acabar siendo perjudicial, desmotivarnos y deprimirnos. Y pasa lo mismo con la *comparación social descendente* (si la usamos en su justa medida), que puede hacernos sentir mejor con nosotros mismos. Compararnos un poco nos puede ayudar a ganar otras perspectivas para analizarnos mejor, pero abusar de esta estrategia implica que todas las partes salen perdiendo.

Si les damos demasiada importancia a las comparaciones que hacemos con los demás y a la idea que tenemos de cómo nos percibirán basándonos en ellas, nuestra valoración y la descripción principal de lo que significa el éxito estará viniendo del exterior. Funcionar así, a la larga, genera muchísima inestabilidad y un estado de fragilidad, ya que otorga demasiado poder a los demás sobre nosotros. Si nos pasamos haciendo comparaciones sociales ascendentes, quizá reforcemos la creencia de que no somos lo suficientemente buenos. Si tienes una autoestima alta, seguramente no te afectará tanto; de hecho, habrá más posibilidades de que estos ejemplos te den esperanza y te motiven para avanzar. En cambio, si tu autoestima ya es un poco baja, este tipo de comparaciones solo empeorarán tu situación.

Tanto mi experiencia clínica como varios estudios académicos demuestran que las personas que están siempre a dieta tienen más tendencia a hacer comparaciones con lo que comen los demás.[2] Las personas que siguen dietas suelen preocuparse más por lo que come la gente de su entorno, a utilizar estas observaciones como modelo y a castigarse a sí mismas si sienten que su conducta alimentaria no está a la altura. Las personas que no se sienten limitadas por la comida y que tienen una imagen corporal positiva suelen hacer ese tipo de comparaciones muchísimo menos y no suelen interiorizar que su valía depende de la información que obtengan con estas comparaciones.

El proceso de recuperación para las personas que padecen un trastorno de la conducta alimentaria o una alimentación desordenada puede ser obstaculizado por comparaciones excesivas. Los estudios señalan que la imagen corporal y las comparaciones con la comida son los motores principales que generan comportamientos como las restricciones y los atracones.[3] No iría tan lejos como para afirmar que la comparación es la causa de estos comportamientos, pero sin duda parece que contribuye a reforzarlos en lugar de ayudar a que desaparezcan.

He visto de lo que la gente es capaz cuando dedica menos tiempo a compararse con los demás; he visto cómo consigue crecer, mejorar y hacer cosas increíbles por su bienestar. Cuando derrocamos esta barrera, la gente se da cuenta de lo que es capaz y de que tiene muchísima más voluntad y disciplina de la que cree.

También es fundamental saber elegir el objetivo de comparación. Si una persona tiene un buen amigo, un familiar o pareja en su vida que tiene una buena relación con la comida, puede ser un modelo estupendo para ella. Me gusta animar a la gente a hacer este tipo de comparaciones, ya que creo que pueden motivarla a irse acercando poco a poco a esta relación más sana con la comida.

Los mecanismos de defensa son fuertes barreras que pueden ayudarnos o jugar en nuestra contra; su función y el grado de utilidad para nuestro bienestar pueden cambiar con el tiempo. Son muros que levantamos para protegernos de los demás y de nosotros mismos. Son los muros que protegen nuestros castillos, por lo que, cuanto más fuertes e imponentes sean, mejor cumplen esta función en momentos difíciles. Sin embargo, cuando ya no estamos librando guerras, cuando el peligro ha desaparecido, los muros no desaparecen... Se quedan ahí, por si los necesitas en algún momento. Nos parece que así nos seguimos protegiendo, pero lo que conseguimos es distanciarnos de los demás; en algunos casos, hasta de nosotros mismos. A veces también puede implicar una desconexión entre el cerebro y el cuerpo hasta el punto de que te cuesta identificar las emociones, el hambre o incluso el frío.

CAPÍTULO 8

Alexitimia

A algunos de mis clientes con experiencias traumáticas o a los que alguna figura importante en su vida les ha enseñado a reprimir las emociones o a verlas como algo malo les cuesta identificar qué es lo que sienten. En casos extremos, es como si su cerebro y su cuerpo estuviesen desconectados. Esto se conoce como *alexitimia*, que es una dificultad o incapacidad de reconocer o nombrar las emociones con palabras. También se ha descrito como *ceguera emocional*.

Roger, de quien ya te hablé en el capítulo 2, sufrió importantes abusos por parte de sus padres. No tardé mucho en darme cuenta de que no solía hablar de sus emociones, sino que se centraba en la historia; era un gran narrador, pero a veces parecía que hablaba de otra persona. Un día llegó tarde a una de nuestras sesiones. Estaba lloviendo y había estado caminando bajo la lluvia sin chubasquero ni guantes, y aun así me dijo que estaba bien. No se daba cuenta de que tenía las manos tan congeladas que casi no podía moverlas. Se lo comenté para intentar entender qué pasaba y descubrí que estaba tan desconectado de su cuerpo que ni siquiera podía sentir el frío que lo cubría por completo. A la semana siguiente, llegó a la consulta con un aspecto mucho más apagado y reflexivo, y me dijo: «Si me alejo de mi cuerpo, me alejo del daño que me hicieron». Esta era su manera de gestionar lo que le había pasado, era su manera de sobrevivir. Es un caso extremo de experiencia de desconexión con el cuerpo.

Si recuerdas las distintas respuestas al trauma de las que ya te hablé, encontramos la de lucha, huida, congelación y adulación. Las personas que recurren a la congelación (que sucede cuando no se puede luchar ni salir corriendo) tienen más posibilidades de experimentar esta desconexión con el cuerpo, porque se deja de percibir como un lugar seguro en el que estar y el hecho de conectar con él les hace entrar en estado de hiperalerta. Es una forma de disociación que a menudo experimentan supervivientes de violación y de abuso sexual precisamente porque los ayuda a desconectar del cuerpo para afrontar lo que les está pasando.

Aunque alguien no haya vivido experiencias traumáticas, también puede tener problemas a la hora de identificar, nombrar y procesar sus emociones, sobre todo si en su infancia otras personas las han ignorado, ridiculizado o invalidado. Esto puede hacer que levantemos un gran muro que, a su vez, nos dificultará el camino para que podamos construir una relación saludable y no tan emocional con la comida. Si nos cuesta reconocer nuestras emociones, ¿cómo podemos satisfacer nuestras propias necesidades? ¿Cómo vamos a darnos lo que necesitamos de verdad en esos momentos en los que no es comida lo que buscamos?

Una mirada introspectiva

Conectar con nuestras emociones y ser capaz de identificarlas es una experiencia introspectiva. Requiere mirar hacia dentro para encontrar la respuesta a la pregunta: «¿Qué está pasando ahora mismo?». Si nos resulta complicado, quizá también nos pasa algo parecido con otros aspectos de nuestra conciencia corporal, ya sea nuestra frecuencia cardiaca, el cansancio o incluso señales de que tenemos hambre o sed. Si te cuesta diferenciar entre distintos estados emocionales —por ejemplo, te equivocas y no sabes si te has enfadado o estás triste—, quizá también te cueste percibir si tienes hambre —quizá no sabes decir si tienes hambre o sed[1] o no sabes decir si lo que tienes es hambre emocional o física—. Quizá notas movimiento en el estómago porque estás nervioso y crees que solo es hambre, o viceversa.

Cuando hemos desarrollado la conciencia interoceptiva (la capacidad de identificar, conectar, entender y responder adecuadamente a los patrones de las señales internas), podemos diferenciarlas sin problema porque hemos establecido esa conexión entre nuestro cuerpo y las señales que envía a nuestro cerebro sobre lo que pasa y lo que necesita.* Esta información es vital, ya que es lo que nos permite cuidar mejor de nosotros mismos y nos ayuda a confiar en nuestro cuerpo. Se han hecho estudios en los que las personas con alexitimia tienden a tener menos energía, un peor estado de bienestar emocional, un funcionamiento social deficiente, más dolor y, en general, más problemas de salud que aquellas sin este trastorno[2] (hablaré más sobre la conciencia interoceptiva en el capítulo 14).

Haz una pausa y observa lo que pasa en tu cuerpo. ¿Eres capaz de sentir el latido de tu corazón sin ponerte la mano en el pecho o tomarte el pulso? ¿Sabes si tienes hambre, tienes el estómago lleno o ninguna de las dos cosas? ¿Hay alguna parte de tu cuerpo que te notes tensa o que te duela? ¿Qué emociones están apareciendo ahora mismo y dónde las sientes en el cuerpo? Date un par de minutos para intentar responder. Si te cuesta, seguramente te vendría genial trabajar para mejorar tu conciencia interoceptiva.**

La alexitimia y los trastornos de la conducta alimentaria

Seguramente no te sorprenderá que te diga que la alexitimia es más común en personas que padecen trastornos de la conducta alimentaria que en el resto de la población.[3] Dicho de otra manera, a las personas con trastornos de la conducta alimentaria les cuesta más identificar y describir sus emociones en comparación con una persona dentro de la media, que tiene una relación más sana con la comida. Además, cuantos más comportamientos de trastornos alimentarios muestre la persona y mayor sea la frecuencia con la que recurra a ellos, más posibilidades hay de que tenga

* Es importante apuntar que hay una relación entre el autismo y la alexitimia, por lo que si no eres una persona neurotípica, esto también puede estar influenciando tu caso.

** La alexitimia aún no se considera un diagnóstico oficial. Además, no podría hacerlo en tu caso aunque quisiera, porque no te conozco...

un nivel más alto de alexitimia. Conductas como los atracones, las purgas, las restricciones y el ejercicio excesivo son maneras de evitar el contacto con las emociones o un intento de gestionarlas. Encima de esta capa, podemos encontrar otra con emociones secundarias como la vergüenza, la culpa o el rechazo cuando aparece una emoción o como respuesta ante una conducta. Por ejemplo, quizá te enfadas por algo, te hinchas a comer y luego vomitas, hasta que más tarde sientes vergüenza y asco hacia ti por haber comido tanto y luego haberte obligado a vomitar. Otro caso podría ser que sientas celos por algún motivo y eso te haga sentir culpable porque consideras que no es una buena emoción o quizá te dé vergüenza haberte enfadado... Haz la combinación de emociones que quieras, pero esa es la idea del bucle que se genera. Cuantos más comportamientos aparezcan, más dificultad suele haber para conectar con las emociones y gestionarlas.

Según los resultados de los estudios y lo que yo misma he observado en mi experiencia profesional, puedo afirmar lo siguiente: las personas con anorexia presentan un nivel más alto de alexitimia y tienen dificultad para expresar sus emociones, lo que puede ser resultado de la insensibilidad que se suele desarrollar en un estado de restricción o de semiinanición, junto con la euforia que algunas personas pueden experimentar cuando están pasando muchísima hambre. Las personas que sufren bulimia, alimentación emocional e ingesta excesiva también presentan niveles altos de alexitimia, pero no tanto como las que padecen anorexia. Probablemente esto esté relacionado con emociones secundarias como la vergüenza, la culpa y el rechazo, ya que, debido al condicionamiento social en torno a la alimentación y lo que supone engordar, es más probable que aparezcan después de comer demasiado. Lo que tienen en común las conductas que nos impulsan a dejar de comer o a hacerlo en exceso en respuesta a emociones es que las personas se sienten abrumadas, son incapaces de identificarlas, pero sí las sienten con intensidad, y utilizan la comida como herramienta para intentar gestionar la situación. A veces, cuando las personas dicen que están «abrumadas», «mal» o que se sienten «raras», detrás de estas palabras se esconde la verdadera emoción, que en ese momento quizá les parece insostenible o que simplemente son incapaces de identificar. Cuando alguien dice «me siento raro», quizá lo que quiera decir es «estoy nervioso»; o si dice «estoy mal», puede que signifique «estoy triste y decepcionado». Si una persona se siente abrumada, me pregunto: ¿qué la ha abrumado? ¿La emoción de ira o rabia es demasiada intensa? ¿O quizá es la tristeza? ¿El miedo? ¿Una mezcla de varias? Descubrirlo nos ayuda a avanzar en la búsqueda de mecanismos de afrontamiento específicos para esa emoción.

Carla desarrolló alexitimia debido a una experiencia traumática en los primeros años de su adolescencia, cuando aprendió que su cuerpo no era suyo, así que desconectó de sus vivencias emocionales. Me decía a menudo: «Me siento como un robot», con lo que intentaba expresar que sentía que iba en piloto automático: sacaba el trabajo adelante (también era muy perfeccionista) sin saber realmente cómo se sentía. Cuando empezamos su proceso terapéutico, Carla solía hablar con una voz inexpresiva y monótona, y nunca lloraba, incluso cuando hablaba de temas difíciles. Suelo saber muy bien cuándo una persona está a punto de llorar o se está aguantando las ganas, pero con ella me fue imposible durante meses. Era un verdadero placer escucharla cuando contaba algo y tenía una capacidad introspectiva espectacular para analizar sus pensamientos y creencias, pero las emociones eran todo un reto para ella, sobre todo la vergüenza. Parte del trabajo que hicimos para que superara su problema de alimentación desordenada fue conseguir que, como diría ella, fuese «más humana y menos robot».

La función de la vergüenza

Entre la vergüenza y la alexitimia existe un vínculo muy fuerte por la intensidad con la que se siente esta emoción. Resulta totalmente arrolladora y nos puede carcomer por dentro sin descanso durante años. En el caso de Carla, la vergüenza que sentía por la experiencia que vivió en su adolescencia era un elemento fundamental que contribuía a la desconexión que había desarrollado con sus emociones. Cuando los expertos mapearon las zonas del cuerpo para saber dónde sentíamos cada emoción, se vio que la gente sentía la vergüenza sobre todo en la cabeza, un poco en el pecho y que el resto del cuerpo quedaba prácticamente insensibilizado. Así pues, sabemos que la vergüenza fomenta esta desconexión entre el cuerpo y el cerebro con las sensaciones físicas que genera.

La alexitimia no es algo que aparece por casualidad junto a un trastorno de la conducta alimentaria, sino que a veces es un factor que contribuye a que aparezcan y se desarrollen problemas con la alimentación, aunque no se puedan diagnosticar como un trastorno concreto. Si alguien ha sufrido maltrato físico o emocional, o algún tipo de abandono en la infancia, los mensajes que recibió sobre su valor como persona y sus emociones pueden llevarle a la alexitimia y a la incapacidad o dificultad a la hora de expresar sus emociones, lo que, a su vez, puede hacer que recurra a la comida para regularse. Cuando nos enseñan que no debemos sentir según qué emociones, cuando no encontramos las palabras que buscamos para expresar lo que sentimos, no es extraño que lo canalicemos en algo físico como la comida.

Las emociones viven en nuestro cuerpo, los recuerdos se almacenan en nuestro cuerpo y la comida se convierte en nuestro cuerpo. ¿Cómo no iban a estar conectados? Cargamos a nuestro cuerpo con un sinfín de prejuicios e ideas infundadas sobre la moralidad y el valor de la persona, y por eso mismo cuando aparecen emociones que no nos parecen aceptables, las asociamos con el cuerpo, donde reside esa emoción, y nos desconectamos. Si no conseguimos entender ni describir lo que pasa en nuestro cuerpo, lo único que hacemos es empeorar esta sensación, lo que aumenta las probabilidades de frustrarnos con nuestro cuerpo porque no tiene sentido para nosotros. Este contexto no es el más favorable para construir una imagen corporal positiva, sino que refuerza la idea de que el cuerpo es el problema.

Nombra tus emociones

Cuando los clientes vienen a consulta y me dicen que quieren que los ayude con la alimentación emocional, les suelo preguntar qué emociones les hacen recurrir a la comida. Hay muchos que son incapaces de darme una respuesta o me cuentan situaciones y momentos en vez de hablarme de emociones. He tenido clientes que se han puesto a llorar y cuando les he preguntado qué les pasaba no sabían qué contestarme. Cuando hay algo que no entendemos o que no nos gusta, nos distanciamos, y eso es precisamente lo que hacemos con nuestro cuerpo. Cuanto más te cueste conectar con tus emociones y gestionarlas, más probabilidades tendrás de sentir rechazo hacia tu cuerpo. Esto implica que, si trabajas para desarrollar tu capacidad a la hora de identificar y nombrar tus emociones, también mejorarás tu imagen corporal.

También se ha establecido una conexión entre la alexitimia y el perfeccionismo, dos factores que a su vez también aumentan el riesgo de manifestar un trastorno de la conducta alimentaria, que será el próximo tema en el que profundicemos.

Si te cuesta describir y expresar tus emociones, seguramente esto supone un obstáculo que te impide construir la relación con la comida que te gustaría tener. Como pasa con todas las barreras que creamos, derrocarla nos permite avanzar. ¿Y cómo podemos lograrlo? Trabajando para desarrollar una mayor conciencia emocional, buscando nuevas maneras para comunicarnos y verbalizar cómo nos sentimos y entendiendo qué información nos dan nuestras emociones.

CAPÍTULO 9

Perfeccionismo

La gente no entiende realmente lo que es el perfeccionismo. La mayoría lo ve como un rasgo del que presumir, una fortaleza camuflada en lo que parece una debilidad. No sé a cuántos pacientes habré oído decir: «No puedo ser perfeccionista porque nunca consigo hacer nada perfecto», pero es que el perfeccionismo no funciona así. Es cierto que tiene una parte positiva, en el sentido de que puede servir de motor para nuestra ambición, para apuntar a lo más alto y conseguir grandes cosas en la vida. Puede ser una herramienta increíble para acercarnos al éxito al que aspiramos. Por encima de todo, se disfruta del hecho de esforzarse al máximo por algo y se siente orgullo al ver lo que se ha conseguido, pero también se demuestra una actitud flexible. Esta clase de perfeccionismo se conoce como *perfeccionismo adaptativo*; es sano, nos resulta útil y productivo. Sin embargo, el *perfeccionismo desadaptativo* es un poco diferente. El patrón de pensamiento detrás de este tipo de perfeccionismo suele ser polarizado y autocrítico («Si como algo malo, aunque sea solo una vez, habré fracasado»), está lleno de *debería...* («Debería ser capaz de no comer chocolate»), y muestra miedo al fracaso («Si no lo hago bien, los demás pensarán que no valgo para nada»).

El pensamiento polarizado también se conoce como *pensamiento blanco o negro*, ya que se caracteriza por la incapacidad de la persona de encontrar un término medio o ver que entre los dos extremos existe una escala de grises. Quizá esta manera de pensar te suena si eres de las típicas personas que dice «¡a la mierda!» y se come una caja de galletas entera después de comerse dos porque ya qué más da, ¿no? Así te las quitas de en medio; total, ya has tirado por la borda el «plan», el «objetivo» o la «dieta» que te habías marcado, así que... ¡a la mierda!

Nuestro miedo al fracaso

Detrás de los pensamientos mencionados anteriormente se esconden suposiciones y creencias sobre nosotros mismos. Por ejemplo: «Si no sigo una alimentación perfecta, enfermaré» o «Si como más, es que no tengo límites» o «Si no lo consigo, no valgo nada». Estas conclusiones o historias que nos contamos suelen ser rígidas e imprecisas, por lo que resultan especialmente dañinas para nuestra autoestima.

A veces lo veo en consulta, porque hay personas que intentan dar con la dieta perfecta. En otras, este tipo de perfeccionismo se manifiesta a través de un pensamiento polarizado y rígido, por ejemplo, alguien que dice «Si estoy delgada, mi vida será perfecta y todo irá bien», con creencias como «Si no lo hago bien, los demás pensarán que soy una vaga y una inútil» o «Si no lo hago todo bien en mi trabajo, me despedirán». Hay muchísimos miedos que alimentan y fomentan este tipo de pensamientos y comportamientos, lo que levanta un gran muro que nos impide cambiar. El miedo es muy poderoso. Fíjate que, en todos los ejemplos que te he dado, la persona está huyendo de algo: del fracaso. Aunque el perfeccionismo aspira a la perfección, en realidad lo que lo define y moldea más es el miedo al fracaso. No es que los perfeccionistas corran hacia la meta que se han marcado, sino más bien que huyen del fracaso, porque lo que buscan —esa supuesta perfección— no existe.

El perfeccionismo puede aparecer en tus pensamientos y palabras de muchas maneras; por ejemplo:

- «Aspiro a ser el mejor en todo lo que hago».
- «No puedo soltar lo que estoy haciendo hasta comprobar tres veces que no hay ningún error».

- «Los demás no me querrán si no lo hago bien».
- «Las personas de mi entorno esperan que lo haga bien todo».
- «Tengo que hacerlo bien o significará que no valgo para nada».
- «Si alguien me habla de un error que he cometido, me avergüenzo, me culpo y siento que he fracasado».

Según mi experiencia, esta última frase suele ser la prueba de fuego para saber si tenemos este tipo de perfeccionismo. Imagínate que te equivocas en algo y que alguien te lo señala. ¿Cómo respondes? ¿Dices «¡anda!», y le das las gracias por haberlo visto? ¿Te sonrojas y te da un poco de vergüenza, pero no le das más vueltas? ¿O se te queda en la cabeza durante semanas y meses, y empiezas a creer que eres idiota y que ahora ya lo sabe todo el mundo, que así no te van a ascender y te machacas porque, ¡madre mía!, por qué no puedes hacer nada bien? A partir de ese momento te dices que te vas a esforzar aún más para que no te vuelva a pasar nunca más. Si tu respuesta se parece más a la última opción, puede que seas perfeccionista o al menos tienes un estilo de pensamiento propio del perfeccionismo desadaptativo. Si tu valor como persona está unido a la capacidad de trabajar a este nivel, estás en una posición de mucha vulnerabilidad, ya que tu valía puede desmoronarse con un solo error.

El perfeccionismo desadaptativo tiene un montón de inconvenientes que pueden afectarte. Léelos y comprueba si ya has experimentado alguno de ellos:

- No tienes tiempo libre.
- No celebras tus éxitos, porque siempre crees que podías haberlo hecho mejor y siempre tienes otras cosas que hacer.
- Te culpas si las cosas no salen correctamente.
- Lo tienes que hacer todo bien a la primera.
- Tienes que repasar mil veces tu trabajo hasta que te aseguras de que cumple con tus estándares.
- Te cuesta tomar una decisión por si te equivocas y no eliges la correcta.

- Te da tanto miedo fracasar que procrastinas y te cuesta empezar.
- Te rindes y dejas de hacer algo si no consigues hacerlo bien desde el principio o si te equivocas.

Normas que no nos ayudan nada a vivir

El perfeccionismo produce estos efectos tan dañinos, gracias a suposiciones y normas que fomentan nuestro comportamiento. Una norma o una suposición suele no resultarnos útil cuando no es cierta ni flexible; por ejemplo, Hazel (de quien te hablé en el capítulo 2) se convirtió en una perfeccionista en parte porque su padre nunca la felicitó por nada ni le dio su aprobación. En su adultez, siempre trabajaba hasta tarde, solía ser la primera en llegar a la oficina y la última en irse, y le faltaba tiempo para pasarlo con sus hijos. Si algo iba mal en la empresa, se echaba la culpa; si había tareas pendientes, lo hacía ella misma en lugar de delegar; y si alguien le pedía ayuda, siempre decía que sí. Su creencia inicial y acertada de que «a la gente le gusta que la ayude» se convirtió en una norma inflexible que le aseguraba: «Debo ayudar a la gente, de lo contrario no les gustaré», y eso la obligó a ayudar siempre a los demás a expensas de su tiempo libre y bienestar. Una vez que identificamos las normas e ideas preconcebidas que tenía (te doy una pista: todas solían empezar con «debo...» o «debería...»), pudimos empezar a analizarlas y, poco a poco, a darles otra forma para que no fueran tan rígidas.

Diane también era una mujer que trabajaba muchísimo debido a su perfeccionismo, y este rasgo también aparecía de manera muy obvia en la relación que tenía con la comida, ya que demostraba tener un pensamiento totalmente polarizado. Tenía un par de días en los que era muy estricta y planificaba muy bien el menú, pero en cuanto comía fuera o se tomaba un par de copas de vino cambiaba a la mentalidad de «¡al diablo con todo!». Lo que seguía eran unos días gastando bastante dinero en aplicaciones de comida a domicilio y comiendo hasta que le dolía el estómago. Cada vez que le pasaba esto, sus creencias inflexibles volvían a la carga para recordarle: «Debería ser capaz de parar», «No valgo para nada», y la atormentaban hasta que se sentía fatal consigo misma. Su perfeccionismo desadaptativo la llevaba a abandonarse si no conseguía hacer las cosas exactamente como se había propuesto. Perdí la cuenta de las veces que Diane me aseguró que se había rendido en nuestro proceso terapéutico y luego volvía a aparecer en la consulta unas semanas más tarde.

El aumento del perfeccionismo

Trabajo con personas de todas las edades entre los dieciséis y los ochenta años. El perfeccionismo puede aparecer a cualquier edad, pero, por lo que he podido observar, sobre todo es la gente joven (los *millennials* y la generación Z) la que lidia con creencias perfeccionistas. Este dato no resulta tan sorprendente si tenemos en cuenta que la Asociación de Psicología de Estados Unidos ha descubierto que el perfeccionismo entre la gente joven ha aumentado drásticamente desde los años ochenta del siglo XX.[1] Este fenómeno seguramente contribuye al aumento de los trastornos de ansiedad y depresión entre las generaciones más jóvenes, debido a un agotador e implacable crítico interior que se encarga de menospreciarlas, y a la ansiedad y al miedo constantes que sienten ante la idea del fracaso.

También existe una relación entre el perfeccionismo y los trastornos de la conducta alimentaria. Hay una clara conexión, ya que la búsqueda de la perfección total incluye conseguir el cuerpo «perfecto», al que se llegará mediante la comida que se ingiera, así como a la sensación de control total sobre su vida. La pionera en trastornos de la conducta alimentaria y psicoanalista Hilde Bruch describe a los pacientes jóvenes con anorexia nerviosa como personas que cumplen con «la idea de perfección que tienen todos los padres y profesores», ya que a menudo se esfuerzan por conseguir las mejores notas y ser los hijos más obedientes y correctos, que siempre hacen sus deberes y tareas sin quejarse en absoluto. Algunas personas, al leer esto, creerán que son hijos o alumnos perfectos, pero la verdad es que las criaturas y los adolescentes que muestran claras tendencias de perfeccionismo tienen muchísimas más posibilidades de desarrollar una alimentación desordenada. La mayoría de las personas con anorexia demuestran un alto nivel de perfeccionismo, tanto porque se marcan estándares muy altos para sí mismas como porque creen que es lo que esperan los demás de ellas. El perfeccionismo va de la mano de una baja autoestima y de una mala imagen corporal, lo que aumenta el riesgo de desarrollar un trastorno alimentario, además de que parece que obstaculiza el proceso de recuperación. Las personas que logran superar un trastorno de la conducta alimentaria suelen seguir manifestando niveles más altos de perfeccionismo que el promedio, incluso dieciséis años después de que las diagnosticaran.[2] Esto puede deberse a que, durante el proceso de recuperación, se prioriza que la persona llegue a cierto peso, en vez de intentar reducir los síntomas psicológicos, además de que el perfeccionismo está muy arraigado e incluso es algo que se fomenta en la sociedad actual, no solo en el tema de la comida, sino en muchos otros aspectos de nuestra vida. Es extraño encontrar a alguien que solo sea perfeccionista con su alimentación y no en otros aspectos.

Todas las personas perfeccionistas con las que he trabajado, padezcan un trastorno de la conducta alimentaria o no, tienen una voz crítica muy fuerte que les dice que nunca serán lo suficientemente buenas. Profundizaremos más sobre este tema más adelante, pero de momento me gustaría que te plantearas algo: solemos pensar que la autocrítica nos ayuda porque nos recuerda nuestra meta y nos motiva, pero la definición de *perfeccionismo adaptativo* (para el que se requiere un pensamiento flexible y no polarizado) sugiere que eso no tiene por qué ser así. Hay un ejemplo típico que lo explica muy bien: si quieres que un burro suba su carga por una colina, puedes hacer que se mueva dándole golpes con un palo o puedes ponerle una zanahoria delante para motivarlo a avanzar. Elijas la opción que elijas, el animal va a subir la cuesta, la diferencia está en que, si le das con el palo en vez de ofrecerle la zanahoria, el burro va a sufrir mucho más. Hablando desde la experiencia como experfeccionista, te puedo asegurar que me costó mucho tiempo aceptar que para conseguir algo no tenía que luchar con uñas y dientes. Rechazaba esa idea porque me había quedado estancada en esta mentalidad rígida e inflexible durante mucho tiempo, y porque, a decir verdad, me había ayudado a llegar donde estaba. Eso sí, ¿a qué precio? Al final di un salto de fe e intenté poner en práctica un sistema a base de recompensas, como ofrecerme incentivos, y, para mi sorpresa, soy tan productiva como antes y, encima, más feliz. Quizá sea el momento de confiar en que tú también lo intentes.

El perfeccionismo y la alimentación emocional

Está claro que el perfeccionismo es una barrera que impide que las personas construyan una mejor relación con la comida. De hecho, los estudios señalan que el perfeccionismo desadaptativo o negativo aumenta la probabilidad de desarrollar una alimentación emocional.[3] El perfeccionismo genera muchísimo estrés, además de pensamientos y emociones difíciles que pueden convertirse en un gran reto, aunque a veces también consigamos ignorarlos o reprimirlos con comida.

La comida no es una respuesta sencilla ni directa, la comida no es buena ni mala, y no tiene el poder de convertirte en una buena o mala persona. Sin embargo, nuestra narrativa y la historia que nos repetimos sigue transmitiéndonos esa idea. Pensar que una sola comida puede arruinar por completo tu objetivo de cuidar tu salud no es nada productivo, además de que no es cierto. Es más, cuanto más nos repitamos que no podemos comer algo porque es malo para nosotros, más ganas va a tener nuestro cerebro de comerlo porque ese pensamiento hace que pensemos más en el alimento prohibido. La nutrición es un tema complicado y depende de cada contexto, pero si tenemos un pensamiento polarizado, no somos capaces de darnos cuenta o de ver los alimentos desde otra perspectiva. En vez de intentar cambiar nuestra mirada, simplificamos el tema de tal manera que no somos realistas ni justos a la hora de analizar y clasificar los alimentos. Esto nos impide disfrutar de la comida, valorarla y celebrarla.

Mientras intentas mejorar tu relación con la comida, te aviso de que esos pensamientos perfeccionistas aparecerán para levantar barreras, sobre todo cuando (y fíjate bien que no he dicho «si») te equivoques o tengas un desliz algún día, o las cosas no salgan del todo como querías. Las cosas son así, es inevitable, va a pasar, porque ningún proceso de sanación es lineal. Una persona con perfeccionismo desadaptativo que se viera en esa situación diría algo así como «¿Y entonces para qué? Esto no está funcionando, he fracasado. Soy lo peor. No puedo», y tiraría la toalla. Otra opción es que te equivoques, que te avergüences y te sientas mal, que creas que no vas a ser capaz, y todo esto lo único que hará es complicarte mucho más el proceso porque se convierte en una profecía autocumplida. Si no eres capaz de hablarte con amor y con respeto, te va a costar aún más lograrlo, porque todos esos pensamientos e ideas te van a decir que no te lo mereces, y no solo en lo que respecta a lo que comes, sino en todos los aspectos de tu vida. Por eso precisamente resulta tan fundamental afrontar y cambiar esos pensamientos y creencias perfeccionistas si queremos conseguir superar cualquier problema con nuestra alimentación, además de que así también lograremos que nuestras vidas sean mucho más amables.

Si te resuenan algunas de las frases o historias que he compartido en este capítulo, te animo a que te sientes unos minutos a reflexionar sobre ellas. Más adelante te presentaré diferentes estrategias y herramientas para que puedas transformar tu perfeccionismo desadaptativo en uno más funcional. Aun así, como ya te he comentado antes, es muy importante que, antes de correr y ponerte manos a la obra para buscar soluciones, intentes observar lo que pasa en tu interior e identifiques tus problemas. Sobre todo porque el perfeccionismo suele venir acompañado de otra barrera muy potente que se interpone entre tu alimentación y tú: una voz crítica ensordecedora.

CAPÍTULO 10

La voz crítica

¿Tú también tienes esa voz en la cabeza que te dice que no eres lo suficientemente bueno? Si es así, no estás solo. Muchos de nosotros tenemos un monólogo interno compuesto por diferentes voces que se hablan entre sí, y entre ellas puede que esté la voz crítica. En algunas personas es la voz más fuerte que tienen.

En la primera sesión, cuando hablo con un cliente nuevo, suelo identificar bastante rápido a la gente que tiene esta voz crítica a todo volumen. Son personas muy duras consigo mismas («Soy una vaga»), se echan la culpa por todo («No tengo fuerza de voluntad») y repiten «Debería...» hasta la saciedad («Debería ser capaz de parar»). Se castigan por no estar en el punto de sus vidas en el que les gustaría; muchas veces tampoco se perdonan por haber comido demasiado o por hacerlo por motivos emocionales. Se hablan a sí mismas con un desprecio con el que nunca hablarían a nadie más. Aun así, como es un proceso interno, ni siquiera se cuestionan el hecho de ser tan crueles consigo mismas.

Cuando lo percibo, suelo mencionarlo lo antes posible: «Me he fijado en que te tratas con mucha dureza», les digo. Esto suele generar dos posibles respuestas: o «No me había dado cuenta» o «Lo sé, pero es lo que necesito». O bien no son conscientes de ello o sienten que su comportamiento está justificado.

He escuchado mil veces a gente decirme que debería ser capaz de dejar de comer cuando está estresada o abrumada por otras emociones, o dejar de ponerse prohibiciones o de darse atracones. Entiendo por qué estas personas piensan así, pero está claro que les está costando hacerlo. Si lo pudieran logar sin ayuda, ya lo habrían hecho. Si fuese tan fácil como esperar a que desapareciese, no estarían sentadas frente a mí explicándomelo. Al fin y al cabo, cuando dicen «debería», es un «podría», pero acompañado de juicio. «Podría» abre una puerta a muchas posibilidades, a diferentes opciones, nos ofrece una elección que nos empodera, un motor que nos mueve, un deseo. El «debería» transmite una obligación, es un juicio externo, una voz autoritaria que nos indica qué hacer. Al decir «podría», visualizo una mano extendida con la palma abierta, mientras que el «debería» me hace visualizar un dedo acusador que me señala. Las personas que vienen a mi consulta no son vagas ni les falta fuerza de voluntad ni disciplina, sino que han levantado barreras que les impiden perseguir las metas que quieren conseguir. Por eso trabajamos para derrocarlas.

Por lo general, empiezo este tipo de proceso invitando a las personas a observar con curiosidad la función que cumple la voz crítica para ellas. Hablamos de lo que les asustaría realmente si esa voz desapareciese o no hablase con tanta fuerza. No busco una razón lógica, sino una emocional que nos la da esa propia voz. Normalmente, lo que solemos descubrir es que esa voz crítica quiere protegerlos, y que de lo que tienen miedo realmente es de que, si desapareciese, podrían acabar haciendo algo que los haría quedar mal, o no se esforzarían tanto o, directamente, fracasarían. Muchas veces, cuando esta voz resuena con tanta fuerza en nuestra cabeza es porque la persona ha aprendido ese comportamiento de sus padres, cuidadores u otras figuras de autoridad. Si estas personas que formaron parte de su vida le chillaban, le criticaban y, al mismo tiempo, parecía que eso le funcionaba para avanzar, la voz crítica adopta esta estrategia, porque asume que así conseguirá los mismos resultados. Cuando ponemos esto sobre la mesa y lo hablamos, nos ayuda a cambiar de perspectiva y ver que la voz no nos critica para castigarnos y hundirnos, sino que su intención es la de protegernos, y, además, entendemos de dónde viene y a quién está imitando. Con esto no quiero decir que tengamos que dejar que siga haciendo lo que quiera a sus anchas, sino que, una vez que hemos hablado sobre ello, la situación se entiende y eso nos permite empezar a trabajar.

Una defensa crítica

La voz crítica suele aparecer de la mano de los mecanismos de defensa. Si uno de nuestros padres no es capaz de satisfacer nuestras necesidades de forma sistemática, ya sea física o emocionalmente, puede que desarrollemos una sensación de «no necesito a nadie». Además, a esto se le suele sumar la voz crítica, que nos dice: «Es que pides y necesitas demasiado», ya que es la manera que tiene de interpretar el rechazo que estamos sufriendo. La voz apoya y refuerza las defensas que ha desarrollado tu cerebro para crear una narrativa coherente. Me gustaría volver a recordarte que, cuando somos niños, tendemos a creer que lo que nos pasa es culpa nuestra, porque la realidad es que dependemos de nuestros padres para nutrirnos en todos los sentidos y necesitamos creer que pueden cuidar de nosotros. La figura parental debe ser buena y capaz; por lo tanto, si esta regla no se cumple, significa que la criatura es mala o tiene algún defecto. De ahí nace la narrativa autocrítica, que nos hace creer que no somos suficientemente buenos con la intención de protegernos, ya que la idea de que nuestros padres no pueden cuidarnos es demasiado devastadora para poder aceptarla y entenderla cuando somos pequeños.

La voz crítica es una barrera que te impide dejar atrás antiguos patrones que ya no son útiles para ti. Cuando hablo de esto con mis clientes, suelo preguntarles: «¿Qué ganas siendo tan duro contigo o hablándote así de mal?» o «¿Qué te aporta esta voz crítica tan fuerte y estricta?». Las respuestas que más oigo tienen que ver con la idea de que los motiva o de «si soy más estricto y más duro conmigo mismo, dejaré de comer cuando me estrese». Es un sistema que funciona mediante el castigo, porque, en algún punto de nuestras vidas, nos enseñaron que esta es la mejor manera de alcanzar nuestros objetivos.

Es verdad que la autocrítica puede motivarnos e inspirarnos a mejorar, pero eso no significa que sea la única opción que tengamos a nuestro alcance. Acuérdate del ejemplo del burro que te comentaba antes y cómo podíamos ayudarlo a que subiera la cuesta: darle golpes con un palo (autocrítica) o ponerle una zanahoria delante (autocompasión). El palo —tu voz crítica— sin duda te ayuda a llegar a la cima, pero ¿a qué precio?

La idea que tienes de que ser duro contigo mismo tiene un efecto disuasorio es una falacia lógica porque, si realmente funcionase tan bien, no seguirías cayendo en el bucle que te hace comer en exceso (o dejar de comer y restringir la ingesta), no seguirías castigándote y martirizándote por lo que has hecho, ni luego volverías a repetirlo al poco tiempo. Sin embargo, esto es lo que sucede. El método que crees tan infalible y útil no está consiguiendo los resultados que esperas. En realidad, no es un método efectivo de prevención, así que tal vez es hora de jubilarlo o, si no, quizá al menos de no darle tanto poder y probar algo diferente. Tener una actitud amable y compasiva hacia ti también puede resultar muy motivador, así que ¿por qué no te pones una zanahoria delante a ver qué pasa? Desde mi punto de vista, no pierdes nada por probarlo, ¿no? Lo peor que puede pasar es que no consigas nada y todo siga igual, y lo mejor que puede ocurrir es que logres tratarte con más amor y que eso te haga más feliz.

Críticas perfeccionistas

La voz crítica está estrechamente relacionada con el perfeccionismo, así que si eres una persona perfeccionista, tienes todos los números para que tu voz crítica esté a todo volumen en tu cabeza. Cuando intentas hacerlo todo sin cometer ningún error, la voz crítica te dice que no lo vas a conseguir, que no eres suficientemente bueno porque nunca logras alcanzar tu meta imposible. Es raro que los perfeccionistas se sientan lo suficientemente buenos. Una de las características indispensables del perfeccionismo es la insatisfacción con los resultados obtenidos, o incluso con el esfuerzo puesto en alcanzarlos, debido a expectativas poco realistas. Así, cuando inevitablemente demuestras que eres incapaz de cumplirlas, tu mente lo aprovecha para confirmar y reforzar la idea que tiene de que no eres lo suficientemente bueno. Cuando aparece esta sensación de fracaso, las personas perfeccionistas responden con una actitud supercrítica y dura.

Quizá crees que la dureza y la intransigencia son necesarias, como si te fuesen a estimular para seguir creciendo y mejorando. Sin embargo, la crítica suele generarnos vergüenza y no motivarnos más. Dicho de otra manera: cuando recibimos críticas, nos sentimos peor y es bastante difícil que crezcamos y mejoremos si invertimos nuestra energía en machacarnos y pisoteamos nuestro trabajo o nuestros comportamientos.

Me he pasado la mayor parte de mi vida escuchando a mi voz crítica a todo volumen, la cual formaba la pareja ideal con mi perfeccionismo. Creía que era una parte esencial en mi motivación, mi determinación, mi ambición y mi éxito; pensaba que, si la apartaba de mi vida, empezaría a retroceder y a equivocarme. Había pasado tantos años de mi vida confiando en que mi voz crítica era lo que conseguía que estuviese al pie del cañón que no me cabía en la cabeza que pudiese seguir creciendo sin ella. El miedo a perder lo que creía que era mi motor para cosechar éxitos era justamente lo que me tenía estancada en el mismo punto: era dura conmigo misma, nunca celebraba mis éxitos, sino que siempre pasaba al siguiente objetivo. Mi terapeuta tuvo que ir trabajando esta idea conmigo durante meses para que empezara a ver las cosas de otra manera. Ahora, el cambio me resulta obvio solo con observar cómo estoy escribiendo este libro: antes me habría obligado a darlo todo y a escribir sin parar, pero, en lugar de eso, me marco un objetivo cada día, y eso me sirve de zanahoria motivadora para avanzar. Cuando logro alcanzar mi meta, da igual la hora que sea, cojo la zanahoria, me la como, celebro mi esfuerzo y me relajo. A veces, eso significa que me he pasado ocho horas escribiendo; otras, solo tres. Mi determinación y mi motivación no se han ido a ningún sitio, siguen más presentes y fuertes que nunca, y, además, me siento mucho más satisfecha que antes.

Si tienes un monólogo interno activo, una voz clara en tu cabeza que te habla sin parar todo el día, esto te da una maravillosa oportunidad para colocarte como observador y fijarte en la forma en la que te hablas. Analízalo y piensa si no hay una manera más amable de funcionar. Plantéate las siguientes preguntas:

- ¿Qué dice esa voz?
- ¿Qué tono usa (si es que tiene uno)?
- ¿Qué persona utiliza: la primera del singular, del plural o la segunda del singular?
- ¿Te recuerda a alguien?

Esta última pregunta suele abrir debates realmente interesantes en las sesiones con mis clientes. Ha habido personas que me han dicho que su voz crítica suena como la suya, como la de sus padres o como la de ellas cuando eran más pequeñas. Al darse cuenta, suelen hacer conexiones o descubren dónde ha surgido esa voz y qué necesitan hacer para trabajar con ella. En la mayoría de los casos, será como nuestra voz, al fin y al cabo, está en nuestra cabeza y forma parte de nosotros. Aun así, si la tuya suena como la de alguna de tus padres, ¿cómo era vuestra relación? ¿Has vivido alguna experiencia que no hayas acabado de procesar en vuestra relación y que crees que te iría bien trabajar? Si te parece que la voz de tu cabeza suena como una versión más joven de ti, quizá tu versión infantil, puede que indique que hay alguna necesidad de tu niño o niña interior que sigue sin estar cubierta. ¿Qué crees que necesita? ¿Puedes encontrar la manera de satisfacerla ahora que eres una persona adulta?

Experiencias internas

Está claro que no todo el mundo tiene un monólogo interno, e incluso las personas que sí saben de lo que estoy hablando también pueden generar pensamientos no verbales. Durante los años en los que estudiaba el funcionamiento interno de la mente humana, el psicólogo Russell Hurlburt identificó y señaló cinco categorías de experiencias internas: discurso interno, imágenes internas (reales o imaginarias), emociones, conciencia sensorial (como la capacidad de sentir el roce de la alfombra bajo tus pies) y pensamiento no simbólico. Este último puede ser un concepto difícil de entender, pero básicamente se trata de un tipo de pensamiento que no se presenta a través de palabras ni imágenes, y aun así sabemos con certeza que está en nuestra mente.

Tres de estas experiencias internas giran alrededor de los pensamientos: el discurso interno (monólogo interior), las imágenes internas (perspectiva visual) y el pensamiento no simbólico. Aunque la mayoría de las personas solemos usar los tres, tendemos a tener una forma dominante. Si en tu caso domina el monólogo interior, prepárate, porque quizá te explote la cabeza con lo que te voy a decir: hay personas que no lo experimentan nunca. Y te lo puedo asegurar porque soy una de ellas. No me lo podía creer cuando descubrí que el concepto del *monólogo interior* no era solo un recurso literario, sino algo real que la gente vive.

Si tienes una mente muy visual, quizá no sea raro que estés pensando en una imagen o en un recuerdo de uno de tus padres criticándote o viendo las caras de decepción de la gente. Mis clientes más visuales me han explicado que se han visto teniendo conversaciones con sus jefes diciéndoles que se han equivocado y ellos contestando: «Sé que me he equivocado, soy idiota»; o que se han imaginado mirándose el cuerpo en el espejo y han sentido asco; o se han visto fracasando en algo en el futuro, en vez de escuchar las palabras: «No lo intentes, no lo vas a conseguir». Otras personas quizá se ven a sí mismas pequeñas, incómodas y avergonzadas, en vez de imaginar en su cabeza situaciones concretas. Otros describen una combinación de imágenes y una voz que les grita, mientras que algunos de mis clientes más visuales, que normalmente tendrían imágenes en cualquier otro escenario, no ven absolutamente nada cuando se trata de autocrítica. Uno de mis clientes me contaba: «Es raro, en cualquier otra situación mis pensamientos se presentarían con imágenes, pero cuando la voz crítica se apodera de mi mente, solo oigo esos gritos que no puedo ignorar».

Si tu experiencia predominante es el pensamiento no simbólico, puedes tener una voz crítica, aunque sea más débil, o una muy fuerte, o ninguna. Quizá descubras que te toca traducir un poco lo que te dice —como me pasó a mí, que fue lo que tuve que hacer para poder trabajar mi voz crítica interior e ir acallándola—. Cuando se trata de pensamientos que, sin duda, están en nuestra mente, pero no son ni visuales ni verbales, lo que mejor me funciona es darles forma con palabras para entenderlos y poder trabajar con ellos, ya sea en terapia o en un proceso personal. El análisis y la exploración te permitirán expresarlos en voz alta y ver cómo te sientes al escuchar lo que dices o, si escribes tus pensamientos no simbólicos y los lees, ver qué te remueven al recibirlos como una realidad física. De hecho, lo recomiendo: si tienes una fuerte voz crítica, da igual el estilo de pensamiento con el que te hayas identificado, te irá bien escribir en algún sitio los pensamientos que inundan tu mente. Muchas veces, estamos tan acostumbrados a esta voz que no prestamos atención a las palabras exactas que usa, y resulta muy poderoso y revelador ver estos pensamientos fuera de nuestra mente. A veces, exteriorizarlos de esta manera nos ayuda a darnos cuenta de la intensidad y la crueldad con la que puede llegar a hablarnos esta voz y, además, nos da la oportunidad de añadir una narrativa más amable de manera consciente y activa. Cuando tu «voz crítica» no es una voz, sino más bien una presencia, quizá te cueste más identificarla en el momento y verla como lo que es. Puede que tengas que esforzarte un poco más para trabajar con ella y acallarla que otra persona con un monólogo interior más fuerte.

No importa cómo funcione tu mente, si sabes lo que es vivir con una gran carga autocrítica, te frenará e impedirá tu crecimiento. Esa crítica te hace creer que no eres suficientemente bueno, que eres un fracaso, que estás equivocado. Escuchar estas cosas no te motiva precisamente a crecer y convertirte en la persona que puede construir una relación saludable con la comida y consigo misma. Sabemos que la humillación y la crítica no inspiran a la gente a tomar decisiones más saludables, sino todo lo contrario. La humillación y la crítica acaban generando problemas como la alimentación emocional y los comportamientos destructivos, e incluso pueden llevar a aislarte, en vez de animarte a buscar ayuda y apoyo.

CAPÍTULO 11

Límites

Los límites son fundamentales en la vida, pero no se entienden tan bien como deberían. Si nos han enseñado a decir que sí a todo y a anteponer siempre las necesidades de los demás por encima de las nuestras, nunca sabremos cuáles son nuestras prioridades y necesidades. Si somos personas complacientes o sin límites, puede que construir una relación positiva y sana sea mucho más difícil. Esta suele ser una de las conversaciones más complicadas que tengo con los pacientes en mi consulta, simplemente porque a muchos de nosotros nos da miedo marcarle un límite a alguien, ya que creemos que implica tener una conversación conflictiva y una confrontación, y las consecuencias que pueda tener nos paralizan.

Quizá lo hemos aprendido porque en nuestras primeras relaciones o en algún punto de nuestra vida nos han manipulado, o porque nos han enseñado que nuestras necesidades no son tan importantes. A veces, es tan sencillo como haber aprendido que el papel de una mujer queda definido por la relación que mantiene con otros: si es la madre, la hermana o la mujer de alguien. Sin duda, existe una fuerte división entre géneros en lo que respecta a este rasgo complaciente, que hace que las mujeres tiendan muchísimo más a encajar en esta categoría, dado que la sociedad asigna una serie de expectativas muy diferentes a hombres y mujeres. Si un hombre prioriza su carrera profesional por encima de su familia, es ambicioso, pero si lo hace una mujer, se la percibe como egoísta. La sociedad anima y fomenta a los niños a ser asertivos, mientras que a las niñas se les dice que lo más importante es que sean «buenas». Cuando empieces a detectar este tipo de diferencias, las verás por todas partes. Es cierto que está habiendo un cambio, y los límites están ayudando a que este se produzca.

Una persona complaciente es alguien que por norma general se olvida de sí misma y centra su atención y mucho tiempo en hacer felices a los demás; sacrifica sus necesidades si así beneficia a otras personas. Si sueles coincidir y darles la razón a los demás en vez de expresar tu opinión, si pides perdón por cosas que no son culpa tuya, si te cuesta decir que no, si te da mucho miedo el rechazo, es bastante probable que encajes en esta categoría. Hay personas complacientes que llegan a tales extremos para cuidar de otros que pueden acabar perjudicando su bienestar y quemarse porque no tienen tiempo para sí mismas. Estas personas tienen límites muy poco definidos, si es que tienen alguno.

Los límites son personales

Los límites son vitales a la hora de definir lo que nos parece aceptable y lo que no. Michelle Elman, una *coach* acreditada y la reina de los límites, define estos como «aquello que nos permite enseñarles a los demás cómo queremos que nos traten. Son el medio que nos ayuda a comunicar lo que nos parece aceptable y lo que no. Definen el punto en el que tú acabas y la otra persona empieza. Los necesitamos para protegernos de la manipulación, del *gaslighting* (manipular psicológicamente a alguien para que dude de su propio juicio), de que nos falten al respeto o nos maltraten».* Hay muchas maneras de establecer límites con alguien, ya sea en relación con cómo nos habla, los temas de conversación, el tiempo que le dedicamos o cómo trata nuestras pertenencias. Los límites son intrínsecamente personales; lo que para mí puede ser un límite importante puede ser com-

* Te recomiendo encarecidamente su libro, *The Joy of Being Selfish: Why You Need Boundaries and How to Set Them* [La alegría de ser egoísta: por qué necesitas límites y cómo establecerlos], Londres, Welbeck, 2021.

pletamente irrelevante en tu situación. Esa es la gracia de los límites, nadie puede decirte si son correctos o incorrectos, o si son demasiado estrictos o indulgentes. Están ahí para protegerte y para que aprendas a priorizarte de vez en cuando, porque no hay nada malo en ser un poco egoísta.

Muchos de nosotros tenemos una relación difícil con la palabra *egoísta*. La entendemos como algo inherentemente malo, mientras que ser desinteresado es algo bueno que se alaba y fomenta. Es cierto que actuar de manera altruista es maravilloso, pero muchas personas a las que se considera generosas y abnegadas en realidad simplemente tienen miedo de pedir lo que necesitan. Temen las repercusiones que puede conllevar hacerlo, y lo que más desean es agradar a los demás.

Esta manera de relacionarse con el mundo y de mostrarse ante él se forma en la infancia. En el capítulo 2 te hablé de Hazel y te conté que su padre era alcohólico, y que, cada vez que oía el sonido de las llaves en la puerta, no sabía con qué versión de su padre se iba a encontrar: podía ser el padre borracho y rabioso o uno amable pero indiferente. Hazel aprendió a adaptarse hasta tal punto al estado de ánimo de su padre y a sus necesidades, que interiorizó en lo más profundo de su ser que era vital para su bienestar priorizar las necesidades de los demás por encima de las suyas. Ese comportamiento fue lo que la ayudó a sobrevivir, pero al llegar a la edad adulta implicó tener muy pocos límites y dejar que la gente la pisoteara como quisiera. Hazel es un claro ejemplo de alguien que necesitaba aprender a ser más egoísta, ya que su altruismo y su entrega nacían del miedo y de una necesidad de supervivencia. Sus necesidades estaban al final de su lista de prioridades, y nadie la estaba poniendo a ella en primer lugar. La única que lo podía hacer era ella misma.

Cuando nuestros límites topan con los demás

Dado que mi trabajo terapéutico con mis clientes se centra en la relación que construyen con la comida y con sus cuerpos, el tema de los límites suele aparecer cuando me explican lo mucho que les afectan los comentarios que hacen los demás sobre sus cuerpos o su alimentación. El caso es que, si llevamos toda la vida acostumbrados a oírlos, permitiendo que los demás hagan juicios sobre nuestro aspecto, cuando les pedimos que dejen de hacerlo, la gente suele sorprenderse o ponerse a la defensiva. Siempre que hablo con algún cliente sobre límites, me aseguro de dejarle las cosas claras y no intentar venderle la moto: los límites son un tema muy difícil. Es imposible predecir cómo va a reaccionar la otra persona cuando le marquemos uno: no existe una manera infalible para saber si reaccionará bien o mal. Puede que los demás lo acepten y no pase nada, o puede que se pongan a la defensiva, se enfaden y lo vean como un ataque personal. La reacción de los demás está fuera de tu control, pero lo que sí puedes controlar es la intención que le pones y las palabras que acompañan y explican ese límite. Es como lo que le dice Patrick Swayze a Jennifer Grey cuando le empieza a enseñar a bailar en *Dirty Dancing*: «Este es mi espacio y ese es el tuyo». En el espacio que tengo para bailar estamos yo y mis intenciones, y tu espacio es para ti y para la reacción que puedas tener. Hay un punto en el que nos encontramos, pero son dos cosas separadas y diferentes. Esto no significa que nuestras palabras no tengan ningún tipo de impacto ni efecto en los demás, por supuesto; lo que quiero hacerte entender es que, incluso cuando tenemos las mejores intenciones y elegimos las palabras con muchísimo cuidado y detenimiento, no podemos controlar cómo responderá exactamente esa persona al ver que le marcamos un límite, porque su respuesta será un reflejo de ella misma y de las experiencias que ha vivido, no de ti.

Déjame que te ponga un ejemplo para que lo entiendas mejor. Más de una vez me han dicho que intimido, pero ¿eso implica que tengo que asumir que soy objetivamente intimidante? Pues no tiene por qué. Yo no me percibo así, en ningún momento es mi intención intimidar a nadie, simplemente soy como soy. Al principio, cuando me lo decían, di por hecho que hacía algo para generar esta sensación en los demás, pero más tarde alguien me explicó exactamente por qué me encontraba intimidante. Me dijo que le parecía una persona inteligente y con una gran formación, y eso la intimidaba porque ella no había ido a la universidad, aunque le habría gustado. Para esta persona, yo era una representación física de lo que le habría gustado llegar a ser. Evidentemente, esto no tenía nada que ver conmigo, sino que estaba relacionado con las inseguridades que tenía sobre su formación. Podría haber sido otra persona completamente distinta, y aun así tener una carrera; no es culpa mía si hay otras personas que tienen inseguridades que, con mi sola presencia, emergen. Cuando entendí esto y caló en mí, dejó de tener tanto peso que la gente se sintiera intimidada o no al verme.

A muchos de mis clientes que son padres les resulta más fácil establecer límites con sus hijos que con ellos mismos. Para muchas personas, este paso puede ser decisivo para entender que también deben establecerlos en sus vidas. Cuando se trata de sus hijos, me explican que se preocupan por cómo pueden afectarles los comentarios que haga la gente sobre su cuerpo o su alimentación. Suele ser cuando ellos mismos han recibido este tipo de comentarios por parte de algún miembro de la familia, y saben de primera mano el gran impacto que puede tener en una persona. Como es comprensible, no quieren que sus hijos pasen por lo mismo y entonces se preguntan: «¿Cómo le pido a mi familia que no haga comentarios a mis hijos sobre su peso ni sobre lo que comen?». Cuando les pido que me expliquen qué les impide hacerlo, suelen responder que les preocupa herir los sentimientos de los demás.

Es habitual que a mis clientes les cueste establecer límites con sus familias en temas de alimentación e imagen corporal. Cuando Xena le puso a su hermana un límite por primera vez mientras hablaban por teléfono, el resultado fue que dejaron de hablarse un par de semanas. El límite que marcó fue claro y directo: «Te pido por favor que no me preguntes por mi salud cada vez que hablamos». Su hermana respondió al límite con una actitud muy defensiva («Solo me preocupo por ti»), con sorpresa («¿Y esto a qué viene ahora?»), y con acusaciones («Si perdieras peso de una vez, no tendría que preocuparme»). Xena se mantuvo firme en su siguiente conversación cuando su hermana volvió a hacerle las mismas preguntas de siempre y volvió a marcar su límite diciéndole: «Si sigues preguntándome por lo mismo después de que te pidiera que dejaras de hacerlo, te colgaré». Y lo hizo, le colgó cada vez que no la respetó, y cada vez sin excepción su hermana respondía con rabia, enviándole un mensaje de texto culpándola aún más por la situación y con respuestas defensivas. Fueron unas semanas complicadas, pero al final su hermana empezó a respetar este límite y su relación mejoró muchísimo desde entonces.

La hermana de Xena, sin duda, creía que el límite no tenía sentido, pero eso no era lo importante. Xena lo estableció por las experiencias que había vivido y para definir la manera en la que quería que la tratasen, y fue un momento muy empoderador para ella. Cuando empiezas a establecer límites, la gente de tu alrededor puede que te diga explícita o implícitamente que no está de acuerdo con lo que le pides, pero quiero que sepas que su opinión es irrelevante: es tu vida, así que tú pones tus límites.

Por supuesto, las personas también pueden responder bien a nuestros límites, y es maravilloso cuando pasa. Caitlyn era una típica persona complaciente que cogía las emociones de los demás y se las echaba a las espaldas. Cuando su marido estaba estresado o triste, se obsesionaba con sus emociones e intentaba hacer todo lo posible por «arreglarlas», ya que la historia que se contaba era: «Si él no está bien, significa que no soy una buena mujer». Hablamos largo y tendido para que entendiera que esta narrativa formaba parte del patrón que había construido en el que hacía suyos los problemas de los demás. Caitlyn logró darse cuenta de que esta manera de comportarse surgió de la gran responsabilidad que sintió cuando era pequeña al cuidar de su padre después de que muriera su madre. Me dijo que quería intentar dar un paso atrás y dejar de obsesionarse por el bienestar de su marido, así que se marcó ese límite y tardó muy poco en comprobar cómo los dos salieron ganando con este cambio. Después de un par de semanas poniéndolo en práctica me dijo: «Mi marido ahora me respeta mucho más, y yo también».

Los límites nos permiten crear un espacio de seguridad

Creo que el mayor malentendido que se tiene sobre los límites es que son muros firmes e inflexibles que levantamos para alejar a la gente. Sin embargo, hay una diferencia fundamental entre un límite y un muro: los muros impiden que haya ningún tipo de acercamiento, alejan a todo el mundo y suelen levantarse por miedo. En cambio, los límites se marcan justamente para fomentar nuestra vulnerabilidad y la intimidad del vínculo para crear un entorno seguro en el que interactuar. Los límites nacen del respeto y del amor que sentimos hacia nosotros mismos, no se ponen por miedo.

Cuando manifestamos comportamientos con el fin de complacer a los demás y no marcamos límites, puede que los demás se aprovechen de nosotros. En el trabajo, esto puede significar que las personas del equipo te pidan ayuda a menudo o deleguen tareas en ti porque saben que no te negarás. En una relación, puede implicar que tu pareja sepa que siempre va a conseguir lo que quiere y, en casos extremos, esta actitud puede atraer a maltratadores. Quiero dejar claro que no estoy culpando a la víctima de la situación de maltrato, ni muchísimo menos; no estoy echándole la culpa porque sea una persona complaciente ni porque no sepa marcar límites. No es culpa suya si esto atrae a un perfil de personas a sus vidas. La culpa recae siempre sobre la parte maltratadora. Nadie quiere atraer a ese tipo de personas ni lo hace conscientemente; nadie se marca como objetivo no tener límites... Simplemente hacemos lo que hemos aprendido en nuestras vidas. Si esta es nuestra posición por defecto, tomar cualquier otra postura nos parecerá incómodo y extraño, nos parecerá demasiado.

Empezar a establecer límites con las personas a las que antes hemos permitido hacer y deshacer a sus anchas implica sus riesgos. Corremos el riesgo de perder a esas personas, ya que puede que no les guste el cambio ni el crecimiento que estamos viviendo; puede que no les guste ver que por fin nos estamos priorizando. Es un riesgo, pero uno que merece la pena correr. Si alguien quiere dejar de ser tu amigo porque ahora ya no va a poder hacer lo que le venga en gana, ¿qué clase de amistad era esa? Te hará un favor al irse de tu vida. Si alguien es tu amigo solo porque puede aprovecharse de ti, no es un amigo. Te está utilizando, y mereces mejores personas en tu vida. De todas maneras, sé que es muy fácil decir todo esto, pero vivirlo es otra historia totalmente distinta. Saber que podemos perder a gente que para nosotros es importante es difícil de gestionar y puede impedirnos construir una relación más sana con la comida y con nosotros mismos. Ese riesgo y ese miedo nos paralizan y nos impiden perseguir esas metas que queremos alcanzar. Muchas personas tenemos miedo a quedarnos solas.

Muchas mujeres tienen amigas con las que solo hablan de dietas o trabajan en oficinas donde todo el mundo parece estar siempre probando alguna nueva. Una vez que dejan de hacer dieta e intentan construir una relación más sana con la comida, a menudo descubren que estos mismos escenarios, que antes disfrutaban, se vuelven difíciles de manejar. Suelen preocuparse de que los demás las vean como personas aburridas o que intenten darse aires de superioridad por el simple hecho de no hacer dieta. Este es un buen ejemplo de cómo las personas sienten culpa después de marcar un límite al resto. En este caso, la culpa aparece porque el cerebro les está diciendo que han hecho algo mal, pero no es verdad. La culpa, en realidad, solo surge porque la persona, por las experiencias que ha vivido, ha aprendido que no debería establecer límites ni priorizarse porque le han enseñado que eso está mal. Según mi experiencia, sin embargo, cuantos más límites marquemos, menos culpables nos sentimos luego. Lo que necesitamos es práctica; la cosa va mejorando con el tiempo.

Habrá resistencias

Otro reto al que te puedes enfrentar en este aspecto es que las personas de tu entorno quizá se resistan a tu cambio. Cuando las personas de nuestro alrededor asumen (desde su perspectiva, y es comprensible) que estás en el mismo punto de siempre, quizá sientas que están intentando aferrarse a una antigua versión de ti. Si alguien está acostumbrado a verte hacer dieta siempre, puede extrañarse al comprobar que ya no eres esa persona. La mayoría de las veces no hay mala intención detrás de su sorpresa, simplemente debéis pasar por un periodo de adaptación durante el que tendrás que establecer tus límites y demostrar firmeza para mantenerlos. Ese límite muestra a los que te rodean cómo quieres que te traten a partir de ahora, y es una prueba de lo mucho que valoras tu relación con alguien.

No tienes que tirar por tierra todo tu esfuerzo y tu crecimiento para no molestar a tu entorno solo porque es lo que conoce y le sería más cómodo que no cambiaras. Hay tres posibilidades: pueden adaptarse al cambio, podéis encontrar un punto medio o vuestros caminos se separarán.

Para mejorar la relación que tienes con la comida necesitas mejorar la relación contigo, y eso implica aprender a priorizarte. Para conseguirlo, lo primero es descubrir lo que quieres de verdad, en vez de dejarte llevar por lo que tu cabeza te dice que deberías hacer o sentir. Si te dices que lo que quieres no importa lo suficiente, te equivocas: importa, y mucho, así que es hora de que le prestes atención. Cuando tengas eso claro, el siguiente paso es hacer acopio de valentía y expresarte para que la gente lo sepa.

Por mi experiencia, las personas que son incapaces de marcar límites a los demás acaban en un círculo vicioso en el que repiten el mismo patrón una y otra vez. Además, no consiguen crecer en su desarrollo personal y siempre aparecen los mismos problemas en las conversaciones, pero nada cambia porque, mientras sigan olvidando sus necesidades y dejándolas en último plano, su situación no cambiará. Solo cuando aprendemos a priorizarnos y a marcar límites veremos el cambio que estábamos buscando.

Posibles límites

Estos son los límites que la mayoría de mis clientes me dicen que quieren establecer, así que te los dejo a continuación para que pienses si a ti también te gustaría implementarlos en tu vida. Si sientes que te gustaría hablar de ellos, pero te incomoda pensar en hacerlo, quizá sería una buena idea que los pongas en práctica:

- Límites en los comentarios y las conversaciones sobre las dietas delante de tus hijos.
- Límites al hablar sobre si alguien engorda o adelgaza.
- Límites sobre la manera de etiquetar la comida como «buena» o «mala».
- Límites sobre cualquier tipo de comentario sobre el cuerpo.

- Límites al hacer cualquier tipo de comentario sobre el tamaño de las porciones de comida.
- Límites a la pregunta: «¿Crees que deberías comer eso?».

Sin duda, podemos marcar límites que no sean prohibitivos y que nos ayuden a añadir algo que creemos que nos falta, a expresar mejor nuestras necesidades y las maneras en cómo los demás pueden intentar cubrirlas o satisfacerlas. Por ejemplo: «Me gustaría que me tuvieras en cuenta a la hora de planificar la lista de la compra semanal», «Preferiría que me preguntaras si tengo hambre en vez de darlo por sentado», «Me he dado cuenta de que necesito más contacto físico y cariño», «Me gustaría que hablaras conmigo cuando surja algún problema» o «A veces solo necesito que me escuches y no que intentes darme soluciones».

No lo olvides: los límites son algo personal y cambian para cada uno de nosotros. Aunque te he presentado algunos que se repiten en consulta, tienes todo el derecho de decidir cuáles quieres establecer en tu vida y cuáles ni quieres ni necesitas. En el capítulo 20 propondré diferentes maneras para que pongas toda esta información en práctica.

CAPÍTULO 12

La identidad

«¿Quién soy yo?» es una pregunta que no solemos plantearnos mucho.* La verdad es que sentimos que sabemos perfectamente la respuesta y, aun así, si alguien nos la hace, dudamos a la hora de responder. De hecho, aún no he conocido a nadie que haya sido capaz de darme una respuesta rápida, clara y directa cuando se la he hecho.

La identidad es una batalla existencial, algo que nos acompaña durante toda nuestra vida y, pese a ello, sigue presentándose como un reto cuando intentamos definirla con palabras. ¿Nacemos con una identidad propia inmutable y preestablecida? ¿Podemos ir moldeándola a lo largo de nuestra vida? La verdad es que es una combinación de las dos cosas. La identidad es algo con lo que nacemos (por ejemplo, nuestra raza y nuestra cultura), pero también algo que vamos aprendiendo a medida que crecemos, algo que nos probamos para ver cómo nos sienta durante la adolescencia, como si fuese ropa, que vamos solidificando en nuestra etapa adulta y que modificamos y ajustamos con cada experiencia que nos lanza la vida.

Personalmente, me fascinan las preocupaciones existenciales y los temores que cada ser humano afronta en diferentes momentos de su

* A menos que seas un fan incondicional de *Los miserables*, claro. [La autora se refiere a «Quién soy yo», el título de uno de los temas del popular musical *Los miserables*, basado en la novela de Victor Hugo de 1862 *(N. de la e.)*].

vida. Los ojos se me iluminan cuando alguien en consulta me plantea una duda existencial. Hablamos de las crisis existenciales que tenemos a los treinta y a los cuarenta años, casi se podría decir que nos burlamos un poco del tema, les quitamos peso; sin embargo, el malestar y la confusión que generan es real, y pueden traernos muchos aprendizajes sobre nosotros mismos.

Las típicas preocupaciones existenciales del ser humano

El reputado psicoterapeuta Irvin Yalom describe cuatro preocupaciones existenciales básicas del ser humano, o lo que muchos llaman «las principales preocupaciones sobre la existencia del ser humano». La primera es la muerte y la certeza de que es ineludible; la segunda es la libertad: la libertad de crear nuestras vidas tal y como deseamos, de ser sus únicos autores, lo que nos convierte en los responsables de lo que nos pasa; la tercera es la soledad existencial: nacemos y morimos solos. La cuarta se centra en el sinsentido y la preocupación de haber vivido una vida sin propósito o significado.

Resumo y concreto estas cuatro preocupaciones en cuatro preguntas relacionadas que lanzo a mis clientes para que reflexionen e intenten contestarlas:

- Muerte: «¿Qué sucede cuando morimos?».
- Libertad: «¿Qué quiero?».
- Soledad: «¿Quién soy?».
- La vida sin sentido: «¿Cuál es mi propósito en la vida?».

A estas, añado una quinta pregunta: «¿Por qué yo?». Solemos hacernos esta pregunta cuando algo va mal e intentamos dar un sentido y sacar algún aprendizaje de la experiencia que estamos viviendo. Algo único de la experiencia humana es que las personas debemos entender, adaptarnos y vivir sabiendo que somos mortales, que nuestras vidas tienen un final.

Aquellas personas que han experimentado y superado una crisis de identidad y las que sienten que han encontrado un propósito en la vida suelen tener menos miedo a la muerte gracias a esa conexión interna con ellas mismas y al sentimiento de satisfacción. La ansiedad ante la muerte (o tanatofobia) es justamente eso: la ansiedad y el miedo intenso que se sienten al pensar en la propia muerte, hasta tal punto que llega a afectar a nuestra vida diaria. Creo que todos vemos el hilo que une la comida con la muerte: la comida es lo que nos mantiene con vida. Si no comemos lo suficiente o nada, morimos. Cuando sienten que la incertidumbre invade el mundo que las rodea, que no tienen el control sobre nada y que entre los riesgos que corren se incluyen la enfermedad y la muerte, hay personas que recurren a la comida, ya que esta es una certeza que pueden controlar. Entre otras razones, el miedo a la muerte hace que la gente desarrolle comportamientos y pensamientos propios de los trastornos de la conducta alimentaria; pese a todo, paradójicamente, esta ansiedad por la muerte también puede conllevar efectos positivos. Cuando las personas somos conscientes de nuestra mortalidad y del miedo que sentimos ante la idea de morir arrepintiéndonos de algo, a veces esto nos hace alcanzar nuevos aprendizajes, nos ayuda a crecer, nos lleva a un lugar de aceptación y amplía el sentido que le damos a nuestra vida, además de motivarnos a luchar por vivir nuestra versión más auténtica.[1]

Ser conscientes de que un día moriremos puede ser un poderoso motor que —si lo aprovechamos a nuestro favor— nos puede ayudar a descubrir qué es lo que de verdad queremos (como mejorar nuestra relación con la comida, por ejemplo) y quiénes deseamos ser. ¿Quieres pasarte la vida estresándote y pensando en cada cosa que te llevas a la boca cuando sabes que tu tiempo aquí es limitado? ¿No preferirías vivir comiendo con libertad y conectando gracias a ello con la alegría y la satisfacción? ¿Quién eres y cómo encaja con tu relación con la comida?

Identidades según la alimentación y la comida

Cuando hablamos de comida y de alimentación, las dos identidades o etiquetas con las que más a menudo me encuentro son «persona que hace dieta» y «persona sana». Lo que suele unir a ambas es la preocupación por lo que piensen los demás. La primera categoría es justo eso, la persona que siempre está haciendo dieta, pasando de una a otra; suele tener un cuerpo no normativo y el hecho de encajar en esta identidad le funciona para cumplir diferentes propósitos como parte de su identidad. Le ofrece la narrativa de la «buena persona gorda». En nuestra sociedad, ser gordo es inaceptable, así que la única manera de corregir este error es intentar hacer algo para cambiar este estado siempre que nos sea posible y hacer saber a los demás que estamos siguiendo un régimen para reducir nuestra figura. Las dietas nos ayudan a eludir el juicio que podemos recibir del resto porque, al menos, los demás nos perciben como alguien que está intentando adelgazar y, por lo tanto, que está trabajando para alcanzar un cuerpo socialmente aceptable. Es un proceso típico de autodefensa. Al identificarme con este comportamiento e intentar reducir mi tamaño, me protejo del juicio de los demás, porque al hacer dieta ya dejo claro que yo mismo me juzgo.

El segundo objetivo que cumple esta identidad es que funciona como distracción de cualquier otra cosa que esté pasando en tu vida. Cuando las dietas son tu identidad, te permiten zambullirte en ese mundo y desaparecer. En tu cabeza solo hay espacio para pensamientos sobre la comida y las reglas de la dieta; te pasas todo el día contando calorías y pesando alimentos; hablas de lo que puedes y lo que no puedes comer, de cómo está yendo la dieta, de cuántos kilos has perdido... El proceso que implican las dietas es tan absorbente que no necesitas ninguna otra identidad; de hecho, se te anima a que no busques más, a que no desvíes tu atención de ese objetivo. Esto también implica que es una maravillosa distracción de cualquier otra preocupación existencial más profunda. Como la dietista profesional canadiense Michelle Allison explicó con tanto acierto: «Por eso las discusiones sobre las dietas se caldean tanto y tan rápido. No estamos intentando desmontar los argumentos de alguien, sino intentando demostrarle que nuestra manera de combatir la muerte es mejor que la suya».[2] Las dietas son tan personales como la identidad y tan poderosas como la religión.

Ya hablamos del poder que ejercían las dietas sobre las personas en el capítulo 3, «Comida y amor». He conocido a mucha gente que, mientras hace dieta, intenta no conocer a gente nueva, no prueba cosas nuevas ni tiene citas; es como si creyese que, antes de poder disfrutar verdaderamente de su vida, tiene que conseguir adelgazar. Es normal que el miedo a hacer algo nuevo nos paralice, y esto va más allá de preocuparnos por lo que la gente pueda pensar de nuestros cuerpos, es decir, que puede remontarse incluso a experiencias que vivimos en nuestra infancia. Si no hacemos dieta, significa que tendremos que afrontar los miedos que nos frenan a la hora de conocer gente o de hacer otras cosas. El cuerpo simplemente nos da una excusa obvia, física y práctica más aceptable socialmente. Esto no quita que las personas con cuerpos no normativos suelan recibir juicios cuando conocen a gente nueva. Cuando prueban actividades nuevas o empiezan a tener citas, esta realidad se coloca enfrente como algo muy presente y palpable. Aun así, gracias a la experiencia que me ha aportado mi trabajo en consulta, he visto que algo mucho más profundo suele desempeñar un papel en todo esto, como un miedo al rechazo que nace a partir del abandono de una de las figuras parentales en las primeras etapas de la infancia. Centrar nuestra atención en nuestro peso y en adelgazar puede ser la excusa que nos ponemos para no tener citas porque el proceso que suponen las dietas nos consume muchísimo tiempo y se convierte en una distracción estupenda. Las personas entienden que empezarán a conocer gente una vez que acaben con la dieta, con el inconveniente de que en muchos casos ese momento nunca llega, porque el problema no es alcanzar el peso deseado, sino que lo que buscamos al hacer dieta es no enfrentarnos a nuestros miedos.

La identidad de la «persona sana» nos la suele asignar la gente de nuestro entorno. Suele pasar con las personas que tienen cuerpos más pequeños, aunque puede darse en todo el espectro de pesos e incluso solaparse con la identidad de la «persona que hace dieta». Es algo común que suelo ver en quienes sufren ortorexia (la obsesión patológica por comer lo que se consideran alimentos «sanos»). No tiene por qué ser la identidad con la que eliges presentarte al mundo, sino que, como he comentado antes, es la etiqueta que te pone la gente de tu entorno: «Qué platos más saludables te preparas», «Siempre eliges la opción más saludable, ¿no?», «Qué sano se te ve». Cuando los demás nos asignan una y otra vez una identidad, es muy fácil adoptarla, interiorizarla y empezar a sentir que nos invade el miedo al plantearnos la posibilidad de no cumplir sus expectativas.

Lara acudió a mi consulta porque empezó a preocuparse de que su intento inicial por llevar una dieta saludable se hubiese convertido en ortorexia. Tenía un historial de trastornos alimentarios y luchaba con su imagen corporal. Desde muy joven había asumido la identidad de «persona sana»; cuando era adolescente, tomó la decisión de llevar una vida más saludable, y para conseguirlo controlaba su alimentación e iba al gimnasio. Cuando empezó la universidad, se abrió una cuenta de Instagram y descubrió una comunidad de blogueros e *influencers* centrados en el bienestar, lo cual no hizo más que reforzar esta identidad y logró que restringiera aún más su ingesta de alimentos. Cuando la conocí, me dijo que no se sentía identificada con las personas que estaban en el bucle de la cultura de la dieta. En los primeros meses de trabajo con ella, hablamos de los miedos que sentía hacia la comida y diseñamos un plan para ir afrontándolos uno a uno. A veces les pido a las personas que vienen a verme que me hagan una lista o una tabla con los temores que sienten en torno a la comida, ya que escribirlos puede ayudarlas a aclarar con más detalle lo que está pasando. Además, esto les permite tener una visión de conjunto, y pueden ir añadiendo y quitando elementos a medida que pasa el tiempo. Esta técnica puede ser muy poderosa, ya que les presenta todas sus preocupaciones sobre la comida en una sola hoja, y puede ser la motivación que necesitan para cambiar.

Cuando le pedí a Lara que me hablara de la ansiedad que sentía por la comida para intentar entender de dónde surgía el problema, nos dimos cuenta de que todo empezaba en el conflicto que sentía por querer ser vegana. Estaba librando una batalla interna en la que, por una parte, sentía que tenía que hacer todo lo posible por proteger el medioambiente, pero, por la otra, reconocía que, debido al pasado que tenía con la alimentación desordenada, le suponía un riesgo. «Sé que no debería ser vegana, que no es bueno para mí, pero al mismo tiempo siento que es lo que debo hacer», me decía. Cuando comía ciertos alimentos que la angustiaban

—como los lácteos—, generaba pensamientos que la hacían creer que no era una buena persona y sentía rechazo hacia sí misma. En este punto, supe que era el momento de profundizar un poco más y explorar más sus conceptos de *salud* e *identidad*. Tenía muy claro que eran temas difíciles para ella, ya que lloraba al hablar de ello. Al principio, las lágrimas venían acompañadas de una frustración hacia sí misma; Lara no entendía por qué todo esto la removía tanto por dentro. Sin embargo, estábamos hablando de una identidad muy arraigada que además había mantenido durante mucho tiempo, y ahora le causaba inseguridad e incertidumbre no saber quién era si su atención no se centraba en la salud. Como sucede con la identidad de «persona que hace dieta», en su caso, la identidad de «persona sana» ocupaba casi todo su tiempo y le proporcionaba una distracción ante sus crisis existenciales. El tiempo que dedicamos a su proceso se centró en ayudarla a cambiar la idea que tenía de «No sé quién soy si no tengo problemas con la comida» a «Soy más que mi dieta».

Identidades en la adolescencia

Según las etapas psicosociales del desarrollo que definió el psicólogo Erik Erikson, la adolescencia es una etapa en la que exploramos nuestra identidad, nuestros valores personales, nuestras creencias y nuestros objetivos. La adolescencia implica una transición de la infancia a la edad adulta y la independencia, e idealmente durante este proceso seremos capaces de construir un sentido de identidad claro y una idea de quién queremos ser en la vida. Por esta misma razón es normal ver que los adolescentes de repente se vuelcan en una afición en concreto y se definen con ella, o pasan por una fase gótica de rebeldía y oscuridad. Yo misma pasé en mi adolescencia por una etapa que me duró unos cuantos años en la que mi mundo se reducía a un grupo de música de chicos. Te aseguro que vale la pena echar la vista atrás, revisitar esta etapa y recordar qué identidades exploraste, qué ropa te ponías, qué música escuchabas o qué aficiones tenías o probaste. ¿Qué efecto tuvo en ti y cómo te ha marcado en tu etapa adulta? Como la mayoría de los adolescentes, quizá tonteaste con diferentes identidades antes de quedarte con una, y quizá una de ellas estaba relacionada con la salud o giraba en torno a ella. Desgraciadamente, puede llegar a convertirse en un rasgo tan fuerte y obsesivo que nos impida explorar otras identidades. Lara es justamente un claro ejemplo de esto último: adoptó la identidad de «persona sana» cuando era adolescente y se le quedó grabada. Ahora ya no sabe quién es sin ella.

En la película de Pixar *Del revés* se representa la identidad a través de islas que se van formando, lo que me parece una idea preciosa, mientras que las emociones básicas de la alegría, la tristeza, la ira, el asco y el miedo viven en el centro de control en el cerebro de la protagonista, una niña llamada Riley. Cuando las emociones observan el cerebro, ven las diferentes islas que conforman la personalidad de Riley, como la isla de la familia, la isla de la honestidad y la del *hockey*. Cada vez que Riley pierde una, su identidad se tambalea y se entristece más y más. Si no has visto la película, no pasa nada: piensa por un momento que tu identidad es un gráfico de sectores. ¿Qué representa cada parte? ¿Cuántos sectores tiene? ¿Qué tamaño tiene cada uno? Dejar de ser la persona con un trastorno de la conducta alimentaria o la persona sana o la que hace dieta puede hacer que perdamos una gran parte de nuestro gráfico y sentir que en su lugar hay gran vacío. Cuando tu gráfico no tiene muchos sectores o cuando uno de ellos es sustancialmente más grande que el resto, perderlo puede significar un gran golpe. Si consideras tu trabajo una parte esencial de tu identidad, puedes hundirte y deprimirte si lo pierdes. Si crees que hacer ejercicio y moverte te define, sufrir una lesión puede ser algo devastador para ti. Por eso es tan importante añadir más partes al concepto de ti mismo que tienes para que, si llega un momento en el que pierdes una, el golpe no sea tan duro, ya sea en el terreno de las amistades, de la familia, de tus intereses o aficiones.

Merece la pena comentar que la identidad y la comida están estrechamente interconectadas. Incluso la manera que usamos para describir los patrones de nuestra alimentación habla de nuestra identidad: decimos «soy vegano» o «soy omnívoro», no «sigo una dieta vegana» o «mi alimentación es omnívora». No es algo que hagamos y punto; es lo que somos. Para algunas personas, esto puede ser totalmente cierto y puede representar una parte sana entre otra variedad de elementos que conforman su identidad. Sin embargo, no podemos negar que este enfoque nos dificulta soltar esta parte cuando ya no encaja con nosotros. Es mucho más difícil soltar la idea «soy esto» que la de «hago esto». Es interesante tenerlo en cuenta cuando hables de la comida y de la relación que estableces con ella. Fíjate en cómo te defines y en cómo formulas las frases que hablan de ti y de tus comportamientos o acciones, porque depende de ti, y muchas veces no solemos pensar en ello. Creo que vale la pena elegir las palabras con cuidado cuando nos definimos, sobre todo si esas palabras y esa identidad van a impedir que nos convirtamos en las personas que queremos ser.

PARTE IV

Herramientas y estrategias para el cambio

CAPÍTULO 13

Soluciones, herramientas y habilidades

Espero que después de haber leído los capítulos anteriores, hayas aprendido más sobre ti mismo, tu relación con la comida y de dónde podrían haber surgido los problemas relacionados con la alimentación desordenada y la imagen corporal. Hemos hablado de una serie de posibles causas y factores que dificultan la relación que creamos con la comida y con nuestro cuerpo, además de los muros y las barreras que impiden el crecimiento y el cambio que buscamos.

Si te ves con ganas de seguir profundizando en estos temas y descubrir aún más sobre ti, te recomiendo que reserves un tiempo para reflexionar y responder a las siguientes preguntas:

- ¿Qué aprendiste sobre tu cuerpo en la infancia? ¿Cómo te afecta ahora?
- ¿Qué aprendiste sobre la comida en tu infancia? ¿Qué impacto tiene en ti ahora?
- ¿Qué aprendiste sobre las emociones en tu infancia? ¿Cómo te afecta ahora?
- ¿Qué aprendiste sobre tu valía y sobre lo que te mereces en tu infancia? ¿Cómo se refleja en tu vida hoy en día?
- ¿Qué aprendiste sobre el amor en tu infancia? ¿Qué impacto ha tenido en ti?

La verdadera pregunta que deberías hacerte ahora es de qué tienes hambre en realidad. ¿Qué tipo de hambre estás intentando saciar físicamente cuando las emociones te hacen recurrir a la comida? Cuando seas capaz de responder a esta pregunta, cuando aprendas a identificar esa hambre, a entender los requisitos que te exigían para sentirte valioso, como «solo me van a querer si estoy delgado» o «si me enfado, significa que soy mala persona y merezco un castigo», entonces podrás empezar el proceso para desaprender y reemplazar esos aprendizajes por otros nuevos. En ese momento podrás reconocer esas emociones, aceptarlas y expresarlas de manera constructiva.

Sientas lo que sientas y te enfrentes al problema al que te enfrentes, quiero que sepas que tu experiencia y tus sentimientos son válidos, reales y que mereces encontrar la manera de vivir en paz y estar feliz contigo mismo. Puede que no hayas vivido ninguna experiencia terriblemente traumática y que no cumplas los requisitos que encajarían con un trastorno de la conducta alimentaria, pero eso no significa que no puedas buscar ayuda y apoyo. Ningún profesional de la terapia con ética minimizaría o quitaría importancia a tus preocupaciones ni las compararía con las de otros pacientes.

Terapia para volver a moldear tu cerebro

Junto a todo lo anterior, quizá deberías plantearte si te iría bien explorar tu pasado y tu relación con la comida en un entorno más formal. Una de mis definiciones favoritas de lo que es la terapia se la debemos a la psicóloga colegiada Kimberley Wilson, que escribió: «La terapia es una intervención psicológica que suele ser retadora y potente, y que puede volver a moldear nuestro cerebro, literalmente». Creo que es algo increíble: el cerebro no es fijo e invariable, es adaptable, y no deja de reconfigurarse dependiendo de las experiencias que vivamos. Da igual la edad que tengas, puedes cambiar la forma de tus circuitos neuronales y las conexiones que hace tu cerebro a través de las experiencias que tengas en la vida y de aquello en lo que decidas poner tu atención. Cada vez que aprendes algo nuevo o que trabajas para desaprender alguna antigua creencia, tu cerebro crea nuevas conexiones, refuerza o difumina las que existen y se adapta a los cambios que vas haciendo. Esto significa que a la hora de hacer algo tan sencillo como vestirte, puedes concentrarte en lo que te parece más cómodo, en vez de fijarte en cómo te queda y en si se te marcan demasiado los muslos.

En terapia es importante hablar, sin duda, pero también lo es trabajar para desarrollar la conciencia de uno mismo, para entender nuestras experiencias vitales y qué impacto han tenido en nosotros y en quiénes somos hoy, y también para desaprender cualquier aprendizaje que ya no nos resulte útil, pero que tengamos muy arraigado en nuestro ser. Es todo un reto, un proceso que a veces resulta agotador y frustrante, pero que merece muchísimo la pena. A veces, cuando hacemos terapia, parece que estamos corriendo una maratón emocional; con suerte, se convertirá en una experiencia de la que estarás orgulloso y que agradecerás haber vivido.

Si te sientes con fuerzas y ganas de iniciar un proceso terapéutico, me gustaría animarte una vez más a dedicarle un tiempo a tu autoconocimiento para que explores un poco más qué vivencias y creencias tienes interiorizadas con las preguntas que te he propuesto antes, además de lo que ya ha ido surgiendo en los otros capítulos (ah, y no te olvides de consultar el epílogo, «Buscar terapeuta o una persona experta en nutrición»).

Herramientas para ayudarte a avanzar

En los próximos capítulos te voy a proponer diferentes herramientas, habilidades y estrategias que te ayudarán a romper tus barreras y avanzar hacia una relación más saludable con la comida y con tu cuerpo. Cada una de las herramientas y de las técnicas que voy a ofrecerte son las que he utilizado con mis clientes en mi consulta, así que he comprobado los resultados que se consiguen. Solo son propuestas, y dependerá absolutamente de ti probarlas, practicarlas y quedarte con lo que te funcione y descartar lo que no. Si hay algo que te incomoda, suele ser señal de que seguramente lo necesites; si te encuentras con algo que te genera una sensación de inseguridad, ve con mucho cuidado o da un paso atrás. Habrá ideas que te resulten más sencillas, mientras que otras requerirán más tiempo, paciencia y práctica. Al fin y al cabo, después de tanto tiempo ignorando tus necesidades y hablándote mal, tiene sentido que tardes un poco en aprender a tratarte con más cariño y respeto. Es como si estuvieses aprendiendo a conducir: al principio tienes que ir con mil ojos para cualquier cosa que hagas, pero, con la práctica y la repetición, todo se convertirá en un proceso automático y, cuando menos te lo esperes, ya estarás conduciendo con la música puesta o hablando con tu copiloto. Con las herramientas que te ofrezco a continuación te pasará lo mismo.

CAPÍTULO 14

Conciencia interoceptiva

Cuando se trata de cómo nos sentimos, quizá hayamos aprendido que no podemos confiar en nuestras experiencias ni en nuestro propio cuerpo. Tal vez nos han enseñado a depender de fuentes externas, como por ejemplo libros de dietas («Come estos alimentos, pero no estos otros»), nuestros padres («Ahora no puedes tener hambre») o internet («Quizá crees que tienes hambre, pero es sed, así que primero bebe agua, ¡a ver qué tal!»). Todos estos mensajes, cuando se van repitiendo a lo largo de nuestras vidas —sobre todo si los recibimos en etapas de desarrollo o en momentos de vulnerabilidad para nosotros—, nos enseñan a desconfiar de nuestros cuerpos.

Cómo generar confianza

La cultura de la dieta se aprovecha y se lucra de esta falta de confianza en nosotros mismos, vendiéndonos soluciones en las que sí podemos confiar. Las dietas nos dicen que tener hambre es peligroso, porque puede que comamos en exceso; que no podemos fiarnos de nuestro estómago cuando sentimos hambre porque quizá se trate de sed, y que el hambre es una señal de que no tenemos autocontrol y que lo que necesitamos es entrenar el cuerpo y someterlo a nuestra voluntad. La cultura de la dieta nos anima a que reprimamos nuestras ganas de comer tomando agua o bebidas bajas en calorías, masticando chicle o incluso fumando.

Quizá son algunas de las experiencias que vivimos las que nos enseñan que ciertas emociones son peligrosas, que no deberían aparecer, que son feas, que solo podemos expresarlas cuando estamos solos o que directamente son incorrectas. Estos aprendizajes lo que consiguen es que aprendamos a reprimirlas y que evitemos conectar con ellas porque nos parecen inaceptables.

¿Te das cuenta del problema que supone?

Tener hambre es normal y humano. Las emociones son algo normal, parte de la experiencia humana. No hay alimentos buenos o malos, al igual que no existen emociones buenas o malas. Podemos confiar en nuestros cuerpos. Sí, incluso en el tuyo.

Ganamos confianza en nosotros mismos de la misma manera que lo haríamos con una persona desconocida: a través de pequeñas muestras de valentía y vulnerabilidad. No solemos compartir toda nuestra vida con alguien a quien acabamos de conocer (a menos que estemos en terapia, claro...), y seguramente nos extrañaría que alguien se abriera de par en par con nosotros nada más conocernos. Y sucede lo mismo a la inversa, si conocemos a una persona que se muestra muy cerrada y parece resistirse a compartir nada sobre ella misma, con el tiempo acabamos perdiendo interés en ella y nos rendimos. La confianza se va afianzando poco a poco cuando encontramos ese punto medio: el ritmo de cada persona puede variar, ya que dependerá de las experiencias vitales que hayamos tenido, pero todos somos capaces de generarla.

Podemos demostrar y crear un momento de valentía y vulnerabilidad al establecer un límite, al comer cuando sentimos que tenemos hambre en vez de ignorar la sensación o al permitirnos sentir una emoción antes de hacer algo para gestionarla (o reprimirla otra vez).

La confianza también se gana cuando demostramos que, después de decir que vamos a hacer algo, lo hacemos. Si un amigo queda contigo en un sitio a una hora y siempre acaba cancelando la cita o llegando tarde, seguramente ya no te crees que vaya a llegar a tiempo, ya que ha mellado tu confianza; te dice una cosa, pero luego no la cumple. Pasa lo mismo con nuestra relación con nosotros mismos: si dices que vas a hacer algo, hazlo.

Para reforzar nuestra confianza, también necesitamos tener conciencia. La conciencia interoceptiva es la habilidad de identificar, conectar, entender y responder adecuadamente a los patrones de las señales internas. Primero, trabaja en mejorar tu nivel de conciencia y luego confía en ti para seguir tu instinto y responder a las señales que percibes y lo que tu cuerpo te dice que necesita. Piensa que se trata de otro sentido, como el tacto o el gusto.

Presta atención a lo que pasa en tu cuerpo, crea esa conciencia, y responde en consecuencia.

El hambre y la saciedad

Todos tenemos la habilidad innata de saber cuándo tenemos hambre y necesitamos comer, y cuándo estamos llenos y tenemos que dejar de comer. Cuando somos bebés, somos capaces de reconocer cuándo tenemos hambre y pedir comida, y cuando ya no queremos más, simplemente apartamos la cabeza. Nadie enseña a los bebés cuándo dejar de comer. Antes de que la cultura de la dieta pueda atraparnos entre sus garras, nacemos con la capacidad de comer y dejar de hacerlo con naturalidad. Sin embargo, a medida que crecemos, nos van metiendo en la cabeza una serie de aprendizajes y narrativas que nos hacen desconectar de esta habilidad innata. Aunque no es culpa nuestra que hayan entrado en nuestro sistema, sí que es nuestra responsabilidad identificar las diferentes capas y los aprendizajes que no nos sirven, hasta que lo único que quede sea la habilidad intuitiva e instintiva que nos dice cuánta comida necesitamos.

Una manera de identificar estos patrones es fijarnos en los *debería* que aparecen en nuestra cabeza cada vez que pensamos en comida y en el hambre que tenemos. Quizá te vaya bien escribir estos pensamientos cuando aparezcan para llevar un control. Algunos ejemplos podrían ser: «Deberían pasar cinco horas entre comidas» (en realidad no, si tienes hambre) o «Debería hacerme una ensalada para comer» (¿por qué?, ¿quién lo dice?).

Cada vez que aparezca en tu mente un *debería*, cámbialo por un *podría*. «Podría dejar pasar cinco horas entre comidas, pero ¿es lo que quiero hacer?», «Podría prepararme una ensalada, ¿pero qué otras opciones tengo?». Con este nuevo enfoque se te abrirá un mundo de posibilidades.

Otra manera de conectar con nuestra habilidad innata para saber si tenemos hambre o estamos saciados es intentar detectar de manera consciente y deliberada las señales que nos envía nuestro cuerpo. Me gusta usar una herramienta a la que llamo *rueda del hambre*.* Con este método (te lo muestro en la siguiente página) observamos el hambre que tenemos como si utilizáramos un calibrador de gasolina: el 0 nos indica que tenemos el depósito totalmente vacío y el 10 nos avisa de que está totalmente lleno. En general, podemos distinguir los siguientes niveles: hambre desagradable (0-2), hambre soportable (2-4), ni se tiene hambre ni se está saciado (4-6), saciedad cómoda (6-8) y saciedad excesiva (8-10).

Percepción del hambre

Hay tres áreas principales del cuerpo en las que solemos notar el hambre. Nuestro estómago es la más obvia, donde podemos percibir una sensación de vacío o quizá escuchemos ruidos que cada vez suenan con más fuerza o generan más incomodidad. En nuestra mente puede que notemos una pérdida de concentración, cierta irritabilidad (el hambre enfada a muchísima gente), o quizá incluso empecemos a pensar más en comida. En el resto del cuerpo tal vez percibamos una sensación de cansancio o una bajada de energía que puede hacer que tengamos más hambre. Creo que lo mejor es empezar por centrarnos en el estómago, ya que suele ser

* Si no te apasiona esta versión, puedes encontrar otra opción en la sección de recursos de mi página web, en la que uso diferentes colores en vez de números. También podrás descargarte un documento PDF de la rueda del hambre numerada.

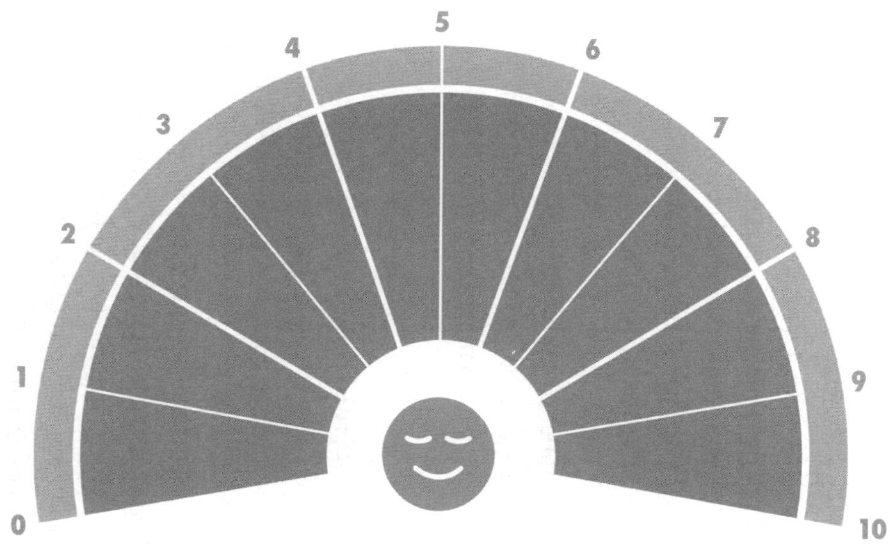

Irritambriento Llenísimo Vacío Dolor de cabeza Saciedad cómoda Punzadas por el hambre Pensamientos sobre comida Distraído

Contento Satisfecho Molesto Irritable Mareado Tembloroso Dolor de estómago Come más lento Dolor de cabeza

Sensación de bienestar Rugidos de estómago Neutral Ni lleno ni hambriento Feliz Poca energía Insatisfecho Náuseas

LA RUEDA DEL HAMBRE Y LA SATISFACCIÓN

el punto más claro para la mayoría, y a partir de ahí ir haciendo un escaneo del resto del cuerpo.

Cada persona puede tener una sensación diferente en cada sección del gráfico porque el hambre es algo muy personal. Por ejemplo, puede que una persona sepa que, cuando tiene un poco de hambre, el estómago le empieza a rugir un poco, mientras que otra tiene que estar muriéndose de hambre para que eso pase. Hay algunos puntos generales para casi todo el mundo, como el sentimiento de vacío en el estómago cuando sentimos un nivel de hambre soportable. Normalmente, aspiramos a pasar la mayoría del tiempo entre las zonas 2 y 8, de la misma manera que queremos beber agua antes de que tengamos tanta sed que nos duela la cabeza, o que lo ideal es ir al baño antes de que la vejiga esté tan llena que nos duela. Nuestro cuerpo busca la comodidad y es lo que nos pide.

Si no notas ningún tipo de señal que te indique que tienes hambre, quizá se deba a que has pasado mucho tiempo con restricciones y tu cuerpo, por decirlo de alguna manera, se ha rendido y ya no se molesta en avisarte. Si comes con regularidad y de manera consistente e intentas prestar atención a estas señales, volverán.*

Te animo a que escribas sobre esta rueda o a que la copies en una hoja y te tomes unos minutos para pensar en cómo te sientes en cada una de estas fases. ¿Qué sensaciones aparecen en tu cuerpo cuando te estás muriendo de hambre? ¿Qué pasa cuando tienes solo un poco? ¿Qué notas cuando no tienes hambre ni estás lleno? ¿Cómo sabes que estás saciado? ¿Qué diferencias hay si lo comparas con otras veces en las que percibes que has comido de más? Como habrás visto, hay una lista de palabras debajo de la rueda. La idea es que te sirvan de guía, por si te cuesta encontrar la manera de describir lo que sientes o tu experiencia. No tienes por qué usarlas si no te encajan, son solo ideas para que las cojas si te parecen útiles. Intenta re-

* Si estás en un proceso de recuperación después de sufrir un trastorno de la conducta alimentaria por restricción, puede que lo mejor sea centrarte un tiempo en ingerir la cantidad de comida que necesitas para recuperar tu peso. Más adelante, cuando tu proceso ya esté en una fase más avanzada, podrás empezar a trabajar para identificar y responder a estas señales poco a poco. Habla de todo ello con el equipo que te acompaña en este camino.

petirte esto hasta que se te quede grabado: nadie puede decir que tus respuestas son correctas o incorrectas, porque tú eres quien vive en tu cuerpo, nadie más sabe lo que sientes.

Si lo más habitual para ti es estar en los extremos, pasar de tener un hambre voraz a llenarte el estómago hasta que parece que va a estallar, quizá no te puedes hacer una idea de lo que es sentir que tienes un poco de hambre y luego saciarla hasta estar satisfecho pero sin excesos. Y está bien, no pasa nada. De momento, deja esos espacios en blanco y ya los revisitarás cuando los explores un poco más. Si has pasado mucho tiempo ignorando tus ganas de comer, quizá estás en un punto en el que no la notas hasta que esa sensación llega con una intensidad alta, por lo que tardarás un poco más en poder detectar lo que es y cómo sientes un nivel moderado de hambre. Una buena idea es empezar a llevar un registro de cuándo comienzas a notar que tienes hambre. Digamos, por ejemplo, que eres bastante constante, y el hambre te suele aparecer con fuerza y de repente hacia la una del mediodía. Vale, pues te animo a que, a partir de las once, te pongas una alarma o un recordatorio en algún sitio donde lo vayas a ver cada veinte minutos. A mí me encantan y soy muy fan de los avisos que se pueden activar en el calendario y que te aparecen directamente en la pantalla del ordenador o del móvil. Cada vez que los veas, deja lo que estés haciendo y párate un minuto para conectar con tu cuerpo y mirar en tu interior: ¿qué sientes? Esta práctica consciente te ayudará a ir detectando esas pequeñas y sutiles señales que hasta entonces te han pasado desapercibidas. Con el tiempo, este proceso te será cada vez más fácil, y verás las ventajas que te aporta haber mejorado tu nivel de conciencia, ya que te da el espacio y el tiempo para tomar decisiones sobre tu alimentación, en vez de dejarte llevar por sensaciones intensas y el instinto casi desesperado de sentir que tienes que comer de inmediato.

¿Tengo hambre o sed?

«¿Pero qué pasa si en realidad lo que tengo es sed?». El hambre y la sed son dos cosas distintas. Quizá nos cuesta diferenciarlas por la alexitimia (fenómeno que ya te expliqué con más detalle en el capítulo 8), o puede que dudemos de nuestro instinto por culpa de la cultura de la dieta en la que vivimos. Aun así, si conocemos bien las señales de nuestro cuerpo y sabemos escucharlo con atención, no confundiremos una sensación con la otra. Lo sabemos con la misma naturalidad con la que tenemos claro cuándo necesitamos orinar o defecar. ¿Puedes diferenciarlo, no? Vale, es verdad que a veces son las dos cosas, pero incluso entonces puedes notarlo. Esos consejos de algunas dietas que te dicen que bebas agua cuando creas tener hambre son tonterías y mentiras. Si tienes hambre, come y, si tienes sed, bebe. Usa la rueda del hambre si quieres trabajar los matices y las sensaciones.

Practica tu nivel de percepción

El objetivo principal de la rueda del hambre es ofrecerte una herramienta visual que te ayude a practicar tu conciencia interoceptiva de una manera intencionada y consciente; la idea no es que te acompañe hasta el fin de los días. Es como una especie de andamio: te da la estructura y el apoyo que necesitas mientras trabajas para construir una relación de confianza con tu cuerpo, así que, cuando ya tengas una base fuerte y sólida, ya no la necesitarás.

Me gustaría recordarte que hay veces que creemos estar comiendo por alguna razón emocional y en realidad solo lo hacemos porque tenemos un hambre física real. Lo quería comentar porque me he dado cuenta de que muchas personas que suelen hacer dieta de manera regular se dicen frases como «no puedo tener hambre, así que debe de ser por algo emocional» o «se me ha ido de las manos y ahora me siento culpable... Creo que he comido para reprimir algo». Con este tipo de argumentos lo que hacen es asignar una emoción negativa a una ingesta de forma retrospectiva.

A veces comemos deprisa y parece que «se nos ha ido de las manos» porque tenemos muchísima hambre. Cuando la sensación de hambre llega a un nivel muy alto, y sientes que «te mueres» de hambre, esa urgencia puede aparecer y hacerte creer que necesitas la comida en ese preciso instante. Es algo normal y habitual cuando tenemos más hambre de lo normal.

Volvamos otra vez a la rueda del hambre: cuando entras en la zona del 0-2 de la sensación de hambre intensa, lo que harás es comer mucho y deprisa, lo que no te permitirá notar cómo vas pasando por las otras secciones de la rueda hasta llegar al punto de saciedad, hasta que llega un momento en que paras y piensas: «¡Buf! ¡Qué lleno estoy!». Entonces es cuando has pasado el umbral de la saciedad cómoda y entras en la zona del malestar. En ese punto suele aparecer la culpa, porque una voz te dice que has comido «demasiado» y, además, no te ha parecido que fuese una decisión, sino una necesidad.

Por eso recomiendo tanto a mis clientes que, siempre que puedan, coman cuando sientan que están en un nivel 3 en la escala de la rueda del hambre. Ese es el punto ideal, en ese momento no estás irritable por la necesidad de comer, pero tienes el hambre suficiente para que la comida te sepa bien y puedas disfrutar el momento. También te ayudará a comer más despacio y con más consciencia, lo que te proporcionará el espacio y el tiempo que necesitas para saber y notar cuándo ya no necesitas más y te sientes satisfecho.

Cuando le doy esta rueda a mis clientes, siempre empezamos con la sensación de hambre y nos centramos en ella exclusivamente; no hablo de la saciedad hasta mucho después. La razón de ello es que si empezásemos con la sensación de estar llenos, podría parecer que nuestro objetivo es comer menos y podríamos fomentar la idea de la restricción de ingesta de alimentos. Cuando empezamos a centrar nuestra atención en la sensación de hambre, lo que hacemos es animar a la persona a que coma y a fijarse en qué momento sería mejor que empezara a cocinar o a comer. La meta que perseguimos no es prohibirnos o negarnos algo, y tampoco existe ninguna «norma» que nos obligue a comer solo cuando tenemos hambre. Escúchame: puedes comer cuando quieras por el motivo que quieras, es tu cuerpo. Lo que sí pretendo es que, siempre que puedas, sea tu decisión, para que sientas que eres tú quien está al volante a la hora de tomar decisiones sobre lo que comes o dejas de comer.

Identificar la sensación de saciedad

Una vez que tengas claro cómo sientes el hambre en tu cuerpo y creas que has aprendido a responder con eficacia a esta necesidad física, es hora de pasar de nivel y enfocarte en la saciedad. Nuestra meta es reconocer el punto en el que nos sentimos satisfechos dentro de una comodidad para dejar de comer en ese momento. Pero ten muy claro que este objetivo no nace de una necesidad restrictiva; la idea no es prohibirnos la ingesta de alimentos, sino estar cómodos con nuestro cuerpo.

Cuando entendemos los diferentes niveles que hay dentro de las sensaciones de hambre y saciedad, y aprendemos a identificar las señales de cada uno, podemos empezar a usar esta herramienta para conectar los momentos en los que comemos con la sensación de saciedad. Por ejemplo, quizá seas una persona que necesita comer muchos carbohidratos para que esa sensación se prolongue unas cuantas horas. Las necesidades y preferencias de cada persona pueden variar, y de lo que se trata es de observarnos y descubrir qué es lo que nos sienta bien a cada uno, sin compararnos con los demás. Las sensaciones de saciedad y de satisfacción tienen matices diferentes. Una persona puede estar llena simplemente porque ha comido cierta cantidad de comida, pero la satisfacción depende de si ha disfrutado o no de lo que ha ingerido. La satisfacción nos la pueden dar unas especias, algún tipo de textura o de aliño, o quizá la conseguimos con ese pequeño detalle dulce al final. Para otras personas dependerá de cómo hayan cocinado la comida (para mí lo que nunca falla es el horno, hacerme unas verduritas al horno me sabe mucho mejor que si las hiervo, sin duda). Y te lo vuelvo a repetir: lo que buscamos es que la comida te satisfaga a ti, así que la respuesta solo la tienes tú.

Antes de acabar, me gustaría darte una razón más para animarte a dar una oportunidad a la rueda. Cuando aprendemos a reconocer la sensación de hambre y sabemos cómo se siente en el cuerpo, podemos preguntarnos realmente: «¿Tengo hambre o estoy sintiendo algo?», lo que resulta muy útil cuando nos quedamos plantados delante de la nevera mirando a nuestras posibles víctimas. Conocer más a fondo las señales que nos avisan del hambre nos ayuda muchísimo a dar con la respuesta. ¿Tienes hambre de verdad? Perfecto, adelante, come lo que te apetezca y ten claro que lo estás haciendo porque estás respondiendo a una necesidad física después de escuchar a tu cuerpo. Ah... ¿que no es hambre? Bueno, también es una información interesante, quizá haya algo más. Puede que esté surgiendo algún sentimiento por ahí. En el siguiente capítulo vamos a intentar ayudarte a identificar mejor qué está pasando.

CAPÍTULO 15

Siente tus emociones

Hemos explorado un poco la conciencia interoceptiva y cómo observar lo que pasa en nuestro cuerpo cuando sentimos hambre y saciedad. Ahora vamos a lanzar otra pregunta: ¿cómo te sientes?

Al dar este nuevo paso, vamos a trabajar con la rueda de las emociones (puedes echarle un vistazo en las siguientes páginas). Esta herramienta te ayudará a identificar cómo te sientes. Las emociones pueden parecer algo muy complejo, a pesar de que, una vez que nos familiarizamos con ellas, suelen ser sorprendentemente sencillas. Si te cuesta saber cómo te sientes, si estás intentando deshacerte de aprendizajes y juicios sobre tus emociones, como «la tristeza no sirve para nada», o sueles usar palabras vacías como *raro* o *mal* para describir tus emociones, esta rueda puede ser un punto de partida útil.

¿Cómo te sientes ahora mismo? Para descubrirlo, empieza en el centro de la rueda, con las emociones básicas, como la ira o la tristeza. Estas palabras nos ayudan mucho para empezar nuestra exploración; a veces, necesitamos usar palabras más precisas. Por ejemplo, no es lo mismo sentirse alegre que ilusionado, aunque es cierto que son dos maneras de vivir la felicidad. Te animo a que partas del centro de la rueda y que al menos intentes llegar al segundo anillo de palabras para describir lo que estás sintiendo. La concreción te ayudará a entender mejor lo que está pasando en tu interior para saber qué es lo que necesitas de verdad. Cuando dices

MIEDO
SORPRESA
Odioso
Amenazado
Herido
Humillado
Rechazado
Sumiso
Inseguro
Ansioso
Asustado
Sorprendido
Confundido
Asombrado
Excitado
Alegre
Interesado
Orgulloso
Aceptado
Resentido
Celoso
Inseguro
Devastado
Avergonzado
Ridiculizado
Despreciado
Alienado
Evitativo
Insignificante
Inútil
Inferior
Insuficiente
Preocupado
Abrumado
Espantado
Aterrado
Impresionado
Consternado
Ansioso
Perplejo
Atónito
Pasmado
Deseoso
Enérgico
Liberado
Eufórico
Entretenido
Curioso
Importante
Confiado
Respetado
Realizado
Valiente

RUEDA DE LAS

DISGUSTO
TRISTEZA
Furioso
Agresivo
Frustrado
Distante
Crítico
Reprobado
Decepcionado
Horrible
Evasivo
Culpable
Abandonado
Desesperado
Deprimido
Solitario
Aburrido
Optimista
Profundo
Pacífico
Rabioso
Hostigado
Hostil
Enfadado
Irritado
Retraído
Sospechoso
Escéptico
Sarcástico
Sentencioso
Odio
Repugnante
Asco
Repulsivo
Detestable
Aversivo
Indeciso
Arrepentido
Abrumado
Ignorado
Victimizado
Impotente
Vulnerable
Inferior
Vacío
Abandonado
Aislado
Apático
Indiferente
Inspirado
Receptivo
Juguetón
Sensible
Esperanzado
Amoroso

EMOCIONES

que estás «raro» o «rara», ¿qué es lo que quieres decir? ¿Sientes incomodidad? ¿Vulnerabilidad? ¿Inseguridad? ¿Alguien te ha hecho daño?

También sería maravilloso intentar observar si puedes sentir esta emoción en alguna parte del cuerpo. Hay muchas personas que sentimos la ansiedad en el pecho o en el estómago; la tristeza, en la garganta; y la desesperanza, en la zona del torso.

Sentimos algunas de estas emociones en el cuerpo debido a las respuestas de lucha o huida, ya que cuando percibimos un alto nivel de estrés se nos acelera el corazón, se nos dilatan las pupilas y se nos activa la musculatura. Otra explicación es que todo esto también está relacionado con la conexión que hay entre el cerebro y los intestinos: la comunicación bidireccional que existe entre estos dos sistemas nos ayuda a entender por qué sentimos «mariposas» en el estómago (aunque técnicamente sea en nuestros intestinos) cuando nos ponemos nerviosos. Sin embargo, este tema va más allá: los investigadores han localizado qué zonas del cuerpo se activan cuando sentimos ciertas emociones y, sorprendentemente, se ve una consistencia en los patrones que experimenta la gente.[1] Por ejemplo: la ira la sentimos en el pecho y los brazos, y nos sube por la cara; la felicidad nos recorre todo el cuerpo, de la cabeza a los pies; la tristeza nos inunda el pecho y nos adormece las extremidades; y el asco se nos atraganta en la garganta. Aunque no entendemos exactamente por qué, el cuerpo nos ayuda a identificar y a entender lo que estamos sintiendo, sobre todo cuando nos cuesta encontrar las palabras correctas.

¿Qué información nos dan las emociones?

Ahora que ya sabes lo que sientes, espero que te sea más fácil descubrir qué necesitas para transitar esa emoción. Quizá tengas que solucionar un problema que has descubierto gracias a esta técnica, o simplemente hallar la manera de liberar y expresar esa emoción para sentirte mejor. Recurrir a la comida es una solución, pero solo temporalmente, ya que nos distrae o evita que confrontemos la emoción durante un tiempo.

Comer para tapar nuestras emociones es un síntoma de nuestra humanidad, pero si dependemos demasiado de este mecanismo de afrontamiento, estaremos fomentando un sistema interno muy frágil. Las personas de tu alrededor que no entiendan lo que te pasa seguramente te dirán (y lo harán con su mejor intención) que no compres ese tipo de alimentos para no tenerlos a mano. El refrán «Ojos que no ven, corazón que no siente» se ha demostrado que no funciona, porque muchísima gente que viene a mi consulta no compra lo que quiere y aun así no se le van las ganas. Cuando mis clientes me explican que comen por motivos emocionales, suelen decirme que sienten que no tienen límites ni control y se avergüenzan de su comportamiento. Yo, sin embargo, no comparto su opinión. Lo que veo es que la persona ha encontrado un mecanismo que la ayuda a afrontar la situación en la que está y le funciona, y que sufre cuando lo pierde. La comida es la solución que ha encontrado a un problema más profundo. Si te rompes una pierna, es normal que uses muletas para caminar mientras la fractura se cura, ¿no? Pues imagínate qué pasaría si te quitan esa muleta que te ayuda tanto, en este caso, la comida. Lo más normal es que te costase caminar y que la pierna tardase mucho más en recuperarse. Por eso, cuando empiezo un proceso con mis clientes, lo que les propongo no es quitarles la comida, esa muleta tan práctica, sino añadir más recursos para que tengan más opciones que les puedan ayudar. Tu muleta, esa herramienta en la que confías y que no te ha fallado durante todo este tiempo, la comida, sigue estando ahí, pero ya no es lo único en lo que puedes apoyarte. Y así, con este trabajo, conseguimos construir un sistema mucho más estable y sostenible.

Cuando añadimos muletas o mecanismos de gestión emocional, es importante que recordemos que no podemos usar la misma muleta para todas las emociones. En mi caso, por ejemplo, cuando estoy triste me viene genial escribir, pero cuando estoy enfadada no me sirve absolutamente para nada. Para mí, y para muchas otras personas con las que he hablado, la ira debe descargarse físicamente, a través de la energía cinética. Esto se debe a la conexión fisiológica entre la ira y la agresión: cuando te enfadas, tus músculos se tensan y tu cerebro libera los neurotransmisores conocidos como *catecolaminas*, que provocan una ráfaga de energía que dura unos cuantos minutos, razón por la cual surge el impulso de reaccionar. Al mismo tiempo, tu frecuencia cardiaca aumenta, tu tensión arterial sube, tu respiración se acelera y la adrenalina recorre tu cuerpo para prepararte por si necesitas luchar para protegerte. Cuando, en vez de reaccionar, hacemos un par de respiraciones profundas, podemos volver a conectar con nuestro cerebro racional para buscar una manera que nos ayude a liberar nuestro enfado de una forma productiva. Algunas ideas podrían ser salir a dar una vuelta, ir a clases de boxeo, soltar un sonido gutural para sacar ese instinto primario interior o hacer garabatos en una hoja sin parar hasta que no haya más espacio, arrugarla y tirarla. Cualquiera de estas estrategias nos permite reconocer y hacernos cargo de nuestro enfado, nos hacemos responsables de la emoción, la vivimos de una manera constructiva sin hacernos daño a nosotros mismos ni a los demás. Después, ya nos pararemos a reflexionar si el problema necesita que hagamos algo más para solucionarlo.

Descubre qué te funciona y qué no

Suelo recomendarle a la gente que pruebe nuevos mecanismos de afrontamiento y se diga que la comida siempre está ahí como plan B si fuera necesario, y que se lo crea. No sirve de nada que te digas que puedes comer si lo necesitas si luego no lo cumples, porque así no consigues reforzar la confianza en ti mismo, lo que hará que todo el proceso sea mucho más difícil. Te animo a que, cuando recurras a la comida, no lo veas como un fracaso ni como una marcha atrás: intenta entenderlo como una señal de que necesitabas comida y de que el recurso que has intentado no te ha funcionado bien, o que hoy no ha logrado el resultado que esperabas. Por ejemplo, una clienta me contó que solía comer patatas fritas cuando echaba de menos a su abuela porque le recordaban a ella. Era un gesto bonito y maravilloso, y la comida era la solución que más la ayudaba en ese caso. Plantéatelo como si encontrar otras muletas y herramientas que te ayuden a regularte fuese un experimento. Empieza con una hipótesis: «¿Me irá bien escribir para gestionar una situación de estrés?», lo pruebas y ves qué tal. Si la respuesta es afirmativa y te ayuda, ¡genial! Lo añades a tu lista para cuando lo necesites. Pero si no te funciona, ¡no pasa nada! También es un éxito, porque ahora sabes algo más que antes. Descubrir qué no te funciona es igual de útil que identificar los recursos que sí te ayudan; con cada paso que das avanzas más en tu proceso de autoconocimiento.

No queremos que ninguna de estas muletas sustituya a la comida, son otras opciones que tendrás en tu caja de herramientas.

Te animo a que apuntes las opciones que te voy a dar, sobre todo si te cuesta pensar con claridad cuando las emociones aparecen con intensidad (lo cual es perfectamente normal y comprensible). Una vez que lo copies todo, cuelga la hoja en un sitio donde la tengas a mano y la veas bien, así podrás recurrir a ella cuando te encuentres en apuros. La lees, eliges una opción y le das una oportunidad. Tienes que descubrir las muletas y los recursos que te funcionan para afrontar estas situaciones, pero de todas maneras te voy a proponer unas cuantas por si te ayudan o te inspiran. Pruébalas y observa cuáles te van bien y cuáles no.

Ansiedad: escribir, practicar la respiración, concentrarte en hechos objetivos y reales. Esta última opción puede serte útil si te das cuenta de que has entrado en un bucle de «y si...», y tu cabeza no para de lanzarte posibles escenarios horribles. Centrarnos en los hechos y no en lo que podría ser nos ayuda a conectar con la realidad, en vez de dejarnos arrastrar por la ansiedad. Recuerda: no puedes saber lo que piensan o sienten los demás a menos que te lo digan.

Ira: caminar, hacer ejercicio, garabatear en una hoja, liberar sonidos guturales o respiraciones fuertes y desahogarte.

Tristeza: llorar, ver o escuchar algo que te ayude a liberar lágrimas, escribir un diario, acurrucarte en una manta.

Soledad: llamar a alguien, darte un abrazo, cocinar algo que te recuerde a la gente que quieres.

A veces, estas muletas son soluciones a corto plazo, y eso es justo lo que necesitamos para liberar la emoción o dejar que pase; otras, encontrar la herramienta que nos funciona a corto plazo y utilizarla nos ayuda a darnos el tiempo y el espacio que precisamos para buscar soluciones a la larga. Si conectas con un sentimiento de soledad, prepararte algo de comer que te recuerde a alguna persona querida es una manera estupenda de sentirte mejor y cuidarte en ese momento, pero, además, te brinda la oportunidad de buscar una solución a largo plazo, como intentar rodearte de otras personas que te importan. Si te enfadas por alguna injusticia que has presenciado en el trabajo, quemar adrenalina en una clase de boxeo te puede ir muy bien para soltar la rabia, lo que más tarde te ayudará a pensar con más claridad y te permitirá encontrar una solución a largo plazo, como podría ser presentar una queja formal o buscar un nuevo trabajo. Como hemos hablado antes, también podría haber problemas ocultos más profundos, una sensación de falta de sentido a nuestra vida o de falta de valía personal.

¿Por qué lo estoy haciendo? ¿Qué necesito realmente?

El objetivo final de encontrar otras herramientas que nos ayuden en esos momentos complicados es poder plantearnos preguntas importantes sobre la comida y las emociones. Cuando tu voz crítica te dice: «¡Uf!, ¿por qué estoy haciendo esto?» (como una pregunta retórica), te animo a que te preguntes: «Vaya, ¿por qué lo estaré haciendo?» con una mirada curiosa y sin juicio, y que intentes encontrar la respuesta. Dicho de otra manera: ¿de qué tienes hambre realmente? ¿Cuál es el problema que estás intentando solucionar con la comida? A veces, la respuesta seguirá siendo comer; otras, necesitarás comida y algo más, pero habrá ocasiones en las que lo que necesites y lo que te ayude será algo completamente diferente.

Con suerte, llegados a este punto y con el trabajo que has hecho en los capítulos anteriores, ya sabrás qué emociones suelen removerte por dentro y por qué. Depende de los aprendizajes que te enseñaron en tu infancia y de las creencias que sigas teniendo sobre las emociones; para encontrar nuevas herramientas y recursos para según qué emociones necesitarás cambiar y reajustar la relación que has establecido con ellas.

Profundizar y explorar estos temas puede generar en nosotros respuestas emocionales intensas que incluso nos pueden llegar a abrumar. A veces, nos encontramos con emociones que hemos intentado esconder y evitar durante mucho tiempo, y lo hemos podido hacer a través de algún tipo de comida que nos hace sentir bien o dejando de comer, por lo que conectar con ellas otra vez y sentirlas puede ser difícil. Lo ideal es que seamos capaces de asimilar nuestras emociones antes de hacer algo al respecto. Con esto lo que buscamos es simplemente sentir lo que hay en nuestro interior, para prepararnos para esos momentos en los que no podremos actuar de inmediato. Además, esta práctica también nos enseña que estas emociones no son malas ni incorrectas, que podemos sentirlas en el cuerpo y que no tenemos que sacarlas ni liberarlas de inmediato.

Carla, que padecía un trastorno de la conducta alimentaria y alexitimia, estaba trabajando y avanzando en su proceso de recuperación, y cada vez conectaba más con sus emociones, hasta que un día todo se hizo insostenible y volvió a manifestar antiguos comportamientos autolesivos en un intento de encontrar la manera de afrontar las emociones que estaban emergiendo y que la estaban alterando. Sucedió cuando Carla comenzó a sentarse con sus emociones después de un largo periodo de mucho movimiento y trabajo; como las emociones y su malestar se habían ido acumulando durante todo ese tiempo, ahora que se había parado a sentirlas, había conectado con ellas de manera abrupta y eso la había superado. Su experiencia nos sirve para recordar lo importante que es dedicar un tiempo a nuestras emociones (proponte hacerlo aunque sea un ratito, pero hazlo a menudo, así te será más fácil), y nos demuestra lo poderosas que pueden ser cuando creemos que no tenemos las herramientas necesarias para manejarlas.

Si te parece que aún no estás en este punto, no pasa absolutamente nada. A veces necesitamos más tiempo y práctica para poder sentarnos y simplemente observar esas emociones que nos incomodan o que nos han dicho tantas veces que no debemos sentir ni expresar.

Cómo sentarte con tus emociones

Cuando hablo de sentarnos con nuestras emociones lo que quiero decir es simplemente dejarnos sentirlas, resistirnos al impulso que nos dice que nos alejemos de aquello que nos incomoda o que nos hace daño, y que no nos juzguemos por sentirnos así. Es encontrar el punto justo, ese equilibrio perfecto entre evitar las emociones y no regodearnos en ellas. Cuando las evitamos, quizá nos pongamos a comer, y cuando entramos en bucle, nos obsesionamos, no soltamos, tenemos pensamientos rumiativos y acaban apareciendo emociones secundarias como la culpa o la frustración en una gloriosa y potente espiral de autoflagelación. Como ya te imaginarás, ninguna de las dos opciones te ayuda mucho... Sentarnos con nuestras emociones significa que las identificamos, las nombramos, las aceptamos y no las juzgamos.

Este proceso no siempre es fácil. Cuando empezamos a liberar estas emociones que habíamos ocultado y retenido en nuestro cuerpo durante todos esos años, quizá conectamos con emociones y recuerdos dolorosos tan intensos que, por un momento, nos pueden parecer insostenibles. Cuando le pedí a una de mis clientas que intentara sentarse en silencio en lugar de ponerse a limpiar frenéticamente y comer hasta ponerse mala, volvió a la semana siguiente con una historia sobre una expareja de cuya aprobación había dependido y que la había hecho sentir que no valía nada. Al sentarse y observar su interior, conectó con emociones y vivencias que había intentado evitar durante años, y revivirlas fue muy doloroso para ella. Después de hablar de ello durante varias semanas, me dijo que se sentía aliviada y capaz de ser más amable consigo misma ya que se entendía mejor.

Sentarnos con nuestras emociones: pasos para practicar

Aunque parezca sencillo, sentarnos con nuestras emociones supone todo un reto.

1. Busca un lugar cómodo donde sentarte, sin demasiado ruido de fondo. Intenta evitar cualquier tipo de distracción, así que no te pongas música, ni un pódcast ni la tele en segundo plano.
2. Cierra los ojos o baja la vista hacia el suelo y respira. Concentra toda la atención en tu respiración, cómo entra y sale poco a poco; sigue haciéndolo durante unos minutos. Luego, deja que tu respiración se calme y observa qué sucede.
3. Si te das cuenta de que la cabeza empieza a pensar en todo lo que necesitas hacer, no pasa nada, respira y vuelve a hacerte la pregunta: «¿Qué noto ahora mismo?». Quizá necesites unos minutos para aterrizar en tu cuerpo y calmarte, sobre todo si no tienes la costumbre de sentarte en silencio, así que tómate tu tiempo y ten paciencia.
4. No analices, no intentes averiguar por qué aparecen tus sentimientos y pensamientos, simplemente observa y quédate ahí con ellos y experimenta cómo te sientes. Imagina que estás observando pájaros: la idea no es contarlos o descubrir por qué han venido a tu jardín, simplemente quieres observarlos y nombrarlos sin juicio.

Sentarnos con nuestras emociones nos resulta tan complicado porque la manera en la que estamos programados evolutivamente nos empuja a evitar el dolor y el sufrimiento para sentirnos seguros. Esta estrategia es útil cuando se trata de un dolor físico, ya que nos permite desconectar y no sentir su intensidad, pero no siempre es la mejor opción cuando estamos hablando de dolor emocional. Evidentemente, siempre hay excepciones. Por ejemplo, si una persona a la que queremos, ya sea un amigo, un familiar o nuestra pareja, nos hiere con algún tipo de maltrato emocional o manipulación, evitarla sin duda nos ayuda y protege. Sin embargo, cuando hablamos de las emociones internas que sentimos —como la rabia o la tristeza— y que hemos aprendido a ignorar o a no expresar durante nuestra vida, aprender a sentarnos y conectar con ellas nos aporta una sensación de paz y de empoderamiento que es tremendamente potente y sanadora. La vida es más fácil cuando reconocemos nuestras emociones y trabajamos con ellas, en vez de entrar en una agotadora batalla diaria para mantenerlas a raya. La mayoría de las personas que acuden a mi consulta buscan sentirse más satisfechas y felices con sus vidas, y esta es una de las maneras de conseguirlo.

Ahora mismo estoy observando mi interior y noto que tengo el estómago lleno (me he puesto a escribir justo después de comer), también siento cierta tensión en las piernas, porque llevo todo el día sentada, y después de un rato empiezo a notar un poco de ansiedad revoloteando en el pecho. Los pensamientos que aparecen al fijar mi atención en esta sensación giran en torno a mi necesidad de saber si acabaré de escribir a tiempo y cuánto trabajo podré avanzar antes de que tenga que irme para coger el tren. También reconozco el sentimiento ligero pero presente de tristeza que aparece siempre que tengo que dejar a mi gata sola unas horas. En apenas unos minutos de silencio y observación consciente, soy capaz de conectar con los pensamientos, las emociones y las sensaciones físicas que están presentes ahora mismo.

Sé que las emociones que he detectado (la tristeza y la ansiedad) son pasajeras; la ansiedad desaparecerá en cuanto deje de escribir, y la tristeza también se irá cuando me suba al tren y me centre en el viaje en vez de pensar en la preciosa gata que dejo en casa. Siento que puedo gestionar bien estas emociones, pero también soy muy consciente de que no siempre es así. Si te sientas en silencio para conectar contigo y con tus emociones, y lo que observas te abruma, si sientes que van a arrastrarte o que se van a apoderar de ti o que te superan sin más, hay un paso más que puedes dar para afrontar esta oleada de emociones: la técnica del anclaje.* El anclaje (o enraizamiento) no va a hacer que las emociones desaparezcan, pero sí puede ayudarte a enmarcarlas en un contexto.

* Si te interesa, puedes entrar a mi sitio web, ya que allí tengo una grabación con un ejercicio para practicar esta técnica.

Técnica del anclaje

1. Siéntate, busca una posición cómoda y cierra los ojos. Realiza un par de respiraciones lentas y conscientes.
2. Observa qué emoción aparece. Nómbrala y fíjate en cómo la sientes. ¿Está localizada en una parte de tu cuerpo o se mueve? ¿La notas en la superficie o muy adentro? ¿Qué palabras usarías para describirla? Si te parece bien, puedes llevar una mano a la zona donde la notas y sentirla.
3. Conecta con ese sentimiento o esa sensación, y observa y conecta con la parte del cuerpo en la que sientes la emoción. Intenta percibir cómo tu cuerpo la rodea y la envuelve. Puedes moverte un poco muy lentamente, quizá te vaya bien estirarte o mover los hombros con conciencia.
4. A continuación, intenta conectar con la emoción, la parte del cuerpo donde la sientes y el mundo que te rodea. Abre los ojos y observa qué tienes a tu alrededor. ¿Qué ves? ¿Qué oyes? ¿Qué puedes oler?

¿Has visto? En ningún momento se intenta reprimir o luchar contra la emoción, y aun así, con estos pequeños trucos, espero que consigas hacerla menos intensa. La has localizado en un punto de tu cuerpo, y ya sabes y sientes que no es más grande que tú.

Este ejercicio no requiere más que dos o tres minutos, y nos puede ayudar muchísimo a la hora de poner en perspectiva esas emociones tan abrumadoras y quitarles un poco de poder. Después de practicarlo no habrás cambiado la emoción ni la habrás hecho desaparecer de tu interior, pero lo que sí habrás logrado es cambiar la percepción que tenías de ella: ahora la sientes con más concreción y objetividad. La emoción no es más grande que tú, no puede serlo porque vive dentro de ti, en tu cuerpo.

Las emociones tienen una función

Luchar contra tus emociones o intentar reprimirlas es tan agotador como intentar mantener una pelota inflable bajo el agua; en cuanto te despistes o te canses, volverá a salir, no va a desaparecer solo porque tú lo quieras. Las emociones se desvanecen cuando trabajamos con ellas, las aceptamos, las procesamos y las liberamos. Imagínate cómo sería dejar de poner todo ese esfuerzo y esa energía, imagina por un momento cómo te sentirías al quitarte ese peso. ¿No te parece una idea maravillosa?

Una vez que te hayas sentado con tus emociones, quizá te des cuenta de que, como pasa con las nubes que aparecen en un cielo azul, se van si les das el tiempo y el espacio necesarios, y que todo se hace más fácil si no intentas luchar con el hecho de que están ahí o sufres buscando maneras de quitártelas de encima. Los procesos de aceptación, incluyendo el que vivimos con nuestras emociones, son como las puertas automáticas de los coches: si le das al botón y tienes paciencia, se cerrarán, pero si intentas forzarlas para que se cierren antes, el proceso se parará y todo tardará más de lo necesario. Quizá alguna vez te dé la sensación de que algunas emociones persisten, en cuyo caso puedes recurrir a tu lista de recursos para afrontar este tipo de situación (tus muletas). Las emociones son las que nos hacen humanos, siempre formarán parte de nosotros, así que lo mejor que podemos hacer es dejar de luchar contra ellas y abrazarlas. Al fin y al cabo, están ahí por un motivo y es mucho más fácil descubrir cuál es si reconocemos lo que está pasando en nuestro interior y lo abordamos sin juicio.

Sentarte con tus emociones, acogerlas y sentir curiosidad por ellas te ayudará a cambiar tus juicios e ideas preconcebidas, lo que te permitirá sentir que estáis en el mismo equipo. Las emociones no vienen a hacerte daño, quieren ayudarte y todas tienen una función. De este modo, una creencia como «la tristeza es una pérdida de tiempo» puede transformarse en «la tristeza está aquí para decirnos que necesitamos algo o que hay algo que nos importa mucho». También podemos convertir «la ira es mala» en «mi ira es válida y puedo manejarla de una manera segura que no me haga daño a mí ni a nadie más». Estas nuevas creencias son muy útiles, no emiten juicios y validan nuestras emociones.

Te lo repito: lo primero es sentarse con las emociones, para luego hacer algo para transitarlas. Primero «sé» y, luego, «haz».

CAPÍTULO 16

Hazle frente a la vergüenza

La vergüenza prospera en el secretismo, y el secretismo fomenta la vergüenza. Es un círculo vicioso, el pescado que se muerde la cola y que nos amarga la existencia. Esta emoción, a la que los analistas junguianos llaman *pantanos del alma*, nos hace sentir que no valemos nada.

Hay una diferencia fundamental entre la culpa y la vergüenza, y es importante que las distingamos para evitar cualquier tipo de confusión. La culpa te dice: «Me he equivocado», nace a partir de una acción o de un comportamiento; sin embargo, la voz de la vergüenza afirma: «Soy una mala persona», por lo que habla de tu esencia y de quién eres. Por eso, la culpa resulta muy productiva y nos ayuda a tratar mejor a los demás, mientras que la vergüenza nos carcome por dentro y se transforma en algo tóxico.

Cuando nos avergonzamos, es como si apuntasen con un potente haz de luz que deja a la vista de todos nuestras partes más feas y oscuras. Nuestro instinto nos dice que tenemos que esconder aquello de lo que nos avergonzamos, y eso justamente es lo que nos hace aún más daño, más que la emoción en sí. Si sentimos algo que nos avergüenza, todo nuestro ser nos dice que lo escondamos. Si nos avergonzamos de nuestro cuerpo, sentimos que debemos ocultarlo. Si nos avergonzamos de algo que hemos vivido, sentimos que tenemos que mantenerlo en secreto y no contárselo a nadie.

Cómo romper el círculo

La manera de romper este círculo vicioso de vergüenza y secretismo es a través de la apertura, la transparencia, la vulnerabilidad y la empatía.

Sé que es difícil, y mucho, porque si hay vergüenza, por lo general, también tendremos miedo a que los demás nos juzguen, lo que a su vez confirmará que, efectivamente, debemos avergonzarnos. Solemos tener ese miedo porque hemos vivido en nuestras carnes el juicio y la reprobación de los demás, o porque nosotros mismos nos juzgamos con la dureza que tememos que nos muestren los demás. Sacar a la luz lo que nos avergüenza es una muestra de valentía, porque sabemos que nos estamos arriesgando a que nos hagan daño. Trabajar esta emoción nos pone cara a cara con la incertidumbre. Si supieras exactamente lo que va a pasar, no habría valentía involucrada, no estarías arriesgándote, sería fácil.

Ahora mismo podrías estar pensando: «A ver, sé que esta persona no me va a juzgar, pero aun así tengo miedo». Esto me hace ver que, aunque entiendas lo que te estoy diciendo, hay algo en tu interior que te impide creértelo. Este miedo nace de nuestros propios juicios internos y de las experiencias que hemos vivido, así que no suele tener nada que ver con la persona que tenemos delante. El miedo y la duda están en ti, y no se irán hasta que no des un paso al frente y seas valiente. Al miedo no se lo vence ni con los mejores argumentos del mundo; la vergüenza es una emoción arrolladora contra la que la lógica no tiene nada que hacer. Así pues, lo único que te queda es aceptar el riesgo, aceptar que tienes miedo y, aun así, lanzarte y hacerlo.

Puedes afrontar y trabajar el hecho de que comes a escondidas de dos maneras. Puedes decirle a alguien que lo haces; por ejemplo, le puedes explicar que esperas a que se vaya y luego te tomas un postre o te comes otro plato de la cena cuando ya se ha metido en la cama. Otra posibilidad igual de válida es decidir comer las cosas que comerías a escondidas delante de otras personas, como tomar un postre cuando aún están delante. Cualquiera de las dos opciones funciona, así que puedes elegir la que te haga sentir mejor y sea más manejable.

Si batallas contra tu cuerpo, te recomiendo que para empezar hables con alguien sobre cómo te sientes y le cuentes algunas de tus experiencias. No tienes por qué usar la palabra *vergüenza*; sé que hay gente a la que no le gusta, y no pasa nada. Puedes acercarte a alguien en quien confíes y decirle: «En estos momentos no me siento muy cómoda con mi cuerpo. No te lo digo para que intentes darme soluciones, solo quiero que me escuches y me des tu apoyo». Si te responde con mensajes evasivos y frases como «pero si tienes un cuerpo estupendo, ¡quiérete tal y como eres!», respira hondo y dile: «Gracias por tus palabras, sé que lo estás diciendo con la mejor intención para ayudarme, pero la verdad es que no me siento así, y me cuesta mucho admitirlo y decirlo en voz alta». Si sigue sin escucharte, no te da el apoyo que necesitas e insiste en decirte cómo deberías sentirte, quizá lo mejor sea hablar del tema con otra persona.

Espero que, cuando decidas dar el paso y te abras con alguien, recibas una respuesta compasiva, empática y sin juicios; esa es la respuesta más poderosa y la que te ayudará a romper el círculo que se crea entre la vergüenza y el secretismo. Incluso si lo que descubres es que a la persona no le importa en absoluto que comas chocolate delante de ella, te va a ayudar, ya que el mensaje que te estará transmitiendo es que no le afecta, que no le da importancia y por eso ni siquiera hay que comentarlo. No se inmuta, así que a lo mejor su reacción te ayuda a entender que a ti tampoco debería importarte tanto.

Todos los cuerpos son valiosos

Podemos aliviar la vergüenza que sentimos hacia nuestros cuerpos si aprendemos a ver que tienen valor por el simple hecho de ser y de existir, una valía que no depende del espacio que ocupen ni de la forma que tengan. Podemos actuar de una manera que nos ayude a reforzar esta creencia, como por ejemplo ponernos ropa de nuestra talla, no pedir perdón por el cuerpo que tenemos, comer lo que necesitamos, ofreciéndole una variedad rica de alimentos, movernos de maneras que nos hagan sentir bien, disfrutar del placer que sentimos con los orgasmos, echarnos crema después de ducharnos y aceptar que alguien nos lance un halago. Siempre me gusta decirles a mis clientes que pueden aceptar un halago y no compartir su opinión; simplemente aceptar que la persona te lo dice con sinceridad y quiere ser amable contigo. En vez de contestar con un «Anda, anda, pero si esta camiseta es viejísima y la llevo superarrugada. La tendría que haber planchado mejor», ¿por qué no pruebas con algo como «Gracias, eres muy amable»?

Si sientes que romper el hielo con el tema de la comida es demasiado difícil, lo cual me parece comprensible, te recomiendo que te compres algo de ropa y que le arranques la etiqueta para no obsesionarte con la talla y quitarte esa distracción de la cabeza. Póntela, cierra los ojos e intenta fijarte en cómo te sientes con ella, sin darle importancia a cómo te queda. ¿Estás a gusto? Es una sensación estupenda, ¿verdad? Una de las cosas más simples que podemos hacer pero más poderosas para sentirnos bien en nuestra piel es comprarnos ropa interior tan cómoda que ni siquiera notemos que la llevamos puesta. Cada vez que te pones algo que no es de tu talla o que no se ajusta a tu cuerpo, notas dónde se te clava, aumenta la conciencia de ti mismo y tu atención se centra en las partes de tu cuerpo con las que te sientes inseguro. ¿Y sabes qué más? Te distraes de otras cosas mucho más importantes de tu vida.

Además de seguir estos pasos, piensa en todo lo que puedes hacer con tu cuerpo y practica la gratitud por todo lo que te permite realizar a lo largo de tu vida. Puedes ampliar la definición de *belleza* más allá de lo que la sociedad y la cultura de la dieta te dice que es hermoso y aceptable. También sería buena idea rodearte de personas que aceptan tu cuerpo en vez de juzgarlo: lo contrario a la humillación corporal no es mostrar amor corporal, sino aceptación. La sociedad en la que vivimos nunca nos va a decir que somos suficientemente buenos porque eso no le permite lucrarse a costa de nuestras inseguridades. Aceptar nuestros cuerpos, incluso con sus imperfecciones, es prácticamente un acto de rebeldía. No necesitas querer a una persona o lograr algo para aceptarlo: la aceptación no significa que te resignes ni que te conformes. Cuando nos aceptamos a nosotros mismos y a nuestros cuerpos, lo más importante es la voluntad que tenemos de crecer y de afrontar la verdad. El primer paso es reconocer el punto de partida, incluso si te incomoda.

Aceptar tu cuerpo

En el capítulo anterior hemos hablado de sentarte con tus emociones, y ahora te voy a recomendar que hagas lo mismo con tu cuerpo. Siéntate con tu cuerpo y observa lo que emerge al hacerlo: mírate en el espejo y fíjate en qué pensamientos y emociones afloran a la superficie.

Cuando sepas en qué punto estás, podrás descubrir hacia dónde quieres ir y cómo llegar hasta allí. Si una de tus metas es aprender a aceptar tu cuerpo, ya sea para quitarte de encima la vergüenza que te genera o por cualquier otro motivo, te voy a proponer un ejercicio. Es uno de los deberes que más me gusta poner a mis clientes.

Trabajar la aceptación corporal

Imagina por un momento que eres la estrella principal de *El show de Truman* o *Gran hermano*, que hay cámaras por todos lados para que la gente pueda ver y escuchar todo lo que haces y lo que dices en cada momento. El mundo puede observar tus comportamientos y prestar atención a cada palabra que dices, pero no tiene ni idea de lo que pasa por tu cabeza; no puede colarse y descubrir lo que piensas o lo que sientes. Teniendo esto en cuenta, quiero que cojas dos hojas y escribas lo siguiente:

1. Todo lo que la gente podría ver y escuchar que les pudiera hacer entender que sientes inseguridad, vergüenza o rechazo hacia tu cuerpo.
2. Todo lo que la gente podría ver y escuchar que les hiciera entender que aceptas tu cuerpo.
3. Recuerda: la pantalla no transmite al público lo que hay en tu interior, así que no puedes escribir los pensamientos ni las emociones que ten-

gas. ¿Qué harías cada día? ¿Qué ropa te pondrías? ¿Cómo te moverías? ¿Qué comerías y qué beberías? ¿Con quién pasarías tu tiempo? ¿De qué hablarías?

4. Ahora fíjate bien en las diferencias que ves entre la primera y la segunda lista. Cada semana, elige uno o dos puntos de la segunda lista y ponlos en práctica. Con el tiempo, serás capaz de actuar como una persona que se acepta a sí misma y a su cuerpo tal y como es, aunque en tu interior siga habiendo trabajo que hacer.

Las personas que aceptan su cuerpo automáticamente lo tratan con más amor y amabilidad, ya sea intentando alimentarse de una manera que las haga sentir bien, moviéndose de la manera que más les gusta, yendo al médico para controlar su salud, conectando con el exterior o haciendo todo lo anterior. Al final, aceptar nuestro cuerpo significa que hemos llegado a un punto en el que queda en un segundo plano y no piensas tanto en él porque no es lo más importante ni lo más interesante que tienes que ofrecer al mundo. Lo que importa realmente es todo lo que haces gracias a él: quizá sea sacarte una carrera universitaria, correr una maratón, dar a luz, abrazar a una amiga o cambiar el mundo. Si aceptas tu cuerpo, dedicarás menos tiempo a pensar en él, y, por tanto, tendrás más espacio real y mental en tu día a día para avanzar en las metas importantes que te propongas (en el capítulo 19, «Superar las defensas», te plantearé un par más de ejercicios para ayudarte a dar los primeros pasos hacia la aceptación de tu cuerpo).

Sentimientos de vergüenza y culpa por el pasado

Obviamente, no solo nos avergonzamos y nos culpabilizamos por temas relacionados con la comida y nuestros cuerpos, sino que también podemos avergonzarnos por algo que hayamos vivido, sobre todo si en el fondo nos culpamos de lo que nos ha pasado. Culparse a uno mismo es habitual, sobre todo cuando hablamos de un trauma infantil, ya que, como hemos comentado en capítulos anteriores, es la manera que tiene nuestro cerebro de afrontar la situación. La vergüenza se acomoda en nuestro interior bien cerquita de la culpa, ocupando espacio y negándose a moverse de allí. Pese a su insistencia, la realidad es que tenemos que sacarla de ahí. Si estás en este punto, quizá sería buena idea hablar con un terapeuta para trabajar con estas emociones; puede que tengas que perdonarte por haber hecho lo que pudiste para sobrevivir; a lo mejor te toca aceptar que no te quedaba otra opción, que no era culpa tuya y que no tienes nada que perdonarte. Por mi experiencia, la terapia es el mejor lugar para hablar de todo esto, porque un terapeuta está ahí para escucharte, para hablar con honestidad y ofrecerte la empatía y el apoyo sin juicio que necesitas. Puedo repetirte una y otra vez hasta cansarme que lo que viviste no fue por tu culpa, pero tienes que llegar a un lugar donde lo creas por ti mismo.

Si todavía no tienes muy claro si quieres iniciar un proceso de terapia, pero sí tienes ganas y fuerzas para avanzar un poco más en el autoconocimiento y la exploración personal, te invito a que te plantees la siguiente pregunta: ¿qué ganas al creer que fue culpa tuya? Entiendo perfectamente que esta pregunta pueda parecerte muy incómoda, pero aun así considero que la respuesta puede ser clave para que finalmente entiendas qué te impide soltar esta emoción y avanzar hacia la aceptación. Si lo primero que te sale responder es «No gano nada», puedo asegurarte con absoluta certeza que te equivocas. Siempre hay una recompensa. Muchas personas sentimos que, si nos culpamos, eso significa que podíamos haber hecho algo, lo que nos da una sensación de control. Pero eso sencillamente no es cierto. Da igual si habías bebido demasiado, qué ropa llevabas puesta o si contestaste de malas maneras. Eso no te hace responsable ni culpable de lo que pasó. No tienes la culpa de que otra persona se aprovechara de tu vulnerabilidad. Todo el mundo tiene derecho a mostrarse vulnerable, y no por ello pone en riesgo su seguridad.

De todas maneras, no importa dónde nazca ese sentimiento de vergüenza que llevas dentro, te aseguro que puedes ir dando grandes pasos y otros más pequeños para ir trabajándolo hasta hacer que desaparezca. A veces es cierto que tenemos que hacer algo que nos requiere mucha entereza y valentía, como cuando decidimos contarle a alguien que comemos a escondidas. Hay otras situaciones en las que podemos dar otros pasos más pequeños, pero aun así muy potentes, que nos ayuden a que esta vergüenza se desvanezca por completo. El caso de Daisy es un buen ejemplo para que entiendas lo que quiero decirte cuando hablo de pequeños pasos. Esta mujer sentía que su cuerpo era más grande que el de sus amigas, lo que la hacía sentirse muy incómoda en su piel y avergonzarse de su apariencia cuando estaba con otra gente. Era tan dura y cruel consigo misma y con su cuerpo que tenía mucho miedo de que los demás pudieran hacer lo mismo. Así pues, juntas pensamos qué pasos podía ir dando para hacerle frente a este miedo, para practicar la observación sin juicio y lograr que su vergüenza se fuera disipando poco a poco. Una semana se puso pantalones cortos, otra dejó de meter tripa mientras estaba con otras personas y, a la siguiente semana, se puso una camiseta de tirantes finos. Todos estos pequeños pasos fueron ayudándola para coger fuerzas y a que finalmente pudiera ponerse un bikini durante las vacaciones. Y lo consiguió. Seguía estando un poco asustada, pero las otras experiencias que había ido viviendo le habían dado la confianza necesaria para saber que la gente no la iba a juzgar, así que esa incomodidad le parecía más soportable y pudo disfrutar del momento.

También merece mucho la pena tomarse un tiempo para separar la vergüenza de la culpa. Si te has equivocado y te dices: «He fallado, qué idiota soy... No valgo para nada», quizá te irá bien darle una vuelta y cambiarlo por algo como «Me he equivocado y es una sensación horrenda». Centra tu atención en lo que has hecho, no dejes que te defina. Siente la culpa y responsabilízate de ese sentimiento, pero no lo conviertas en vergüenza.

La vergüenza es una emoción que se engancha a nosotros como una lapa y se resiste a soltarnos a menos que no pongamos un esfuerzo consciente y activo para echarla. Después de leer las páginas anteriores, ahora tienes una caja de herramientas a tu disposición para dar esos pasos. Además de todo lo que te he explicado ya, el último consejo que quiero darte para afrontar esta emoción es la práctica de la autocompasión. Esta estrategia es una herramienta muy poderosa contra la vergüenza, que funciona como un bálsamo que la suaviza y, además, comporta muchísimos otros beneficios.

CAPÍTULO 17

Encuentra tu voz compasiva

Como ya hemos visto, si lo que te sale de manera natural es hablarte y tratarte con dureza, si tu voz crítica suena a todo volumen en tu cabeza, si te juzgas con crueldad, si te dices mil veces «debería...», si eres una persona perfeccionista o si arrastras un gran sentimiento de vergüenza y culpa, te estás alejando de una versión de ti que se relaciona mejor contigo y con la comida.

Si tu voz crítica tiene mucha fuerza, tienes más posibilidades de padecer problemas de depresión y ansiedad, sentir con más intensidad la vergüenza, desarrollar problemas de estrés y bloqueo emocional, sentimientos de desesperación, poca motivación y problemas con la imagen corporal. Cuando la voz crítica se apodera en exceso de nosotros, solemos caer en patrones que fomentan la alimentación desordenada y nos resulta muy complicado alejarnos de ella.

Por suerte, cuento con diferentes recursos en mi caja de herramientas que me gusta usar para ayudarme a rebajarle los humos a esta voz, y a nutrir y dar fuerza a la voz que es compasiva conmigo. He de decir que mi enfoque no es el más habitual, ya que me gusta coger estrategias con las que conecto sin importar de qué tipo de terapia vengan, aunque a veces se diga que son incompatibles. Según mi experiencia profesional, ofrecer un amplio abanico de técnicas funciona porque así tenemos la posibilidad de elegir la que mejor encaja con nosotros. Eso sí, te animo a que las pruebes todas; aunque al principio no confíes demasiado, dales una oportunidad.

Amabilidad y comprensión hacia uno mismo

En vez de juzgarte y criticarte sin piedad por algunos de tus defectos o carencias, la autocompasión significa que eres capaz de afrontar tus errores personales con una mirada amable y comprensiva. Todas las personas tenemos defectos y rasgos que pulir y mejorar; nadie es perfecto por mucho que lo intente.

En pocas palabras, la autocompasión significa ser amable contigo mismo y cuidarte como lo harías con alguien a quien quieres. Muchas veces nos hablamos con muchísima crueldad y dureza, y usamos palabras que ni se nos ocurriría decirle a alguien que nos importa. Sin embargo, sin saber muy bien por qué, creemos que nosotros somos la excepción. Quiero dejar muy claro que trabajar la autocompasión no significa que vayamos a dejar pasar cualquier cosa que hagamos o que no vayamos a responsabilizarnos de nuestros actos. No se trata de conformarse con lo que hay y dejarlo tal y como está, ni de engañarnos. La autocomplacencia te dice que no pasa nada por quedarte unas horas más en la cama, que ya trabajarás un poco más al día siguiente; por otro lado, la autocrítica se queja y te dice que eres un vago y un inútil. Sin embargo, una mirada compasiva te permite darte cuenta de que tu cuerpo efectivamente necesita descansar un poco más, pero se marca un límite de tiempo razonable para que aun así puedas cumplir tus objetivos. Si hablamos de comida, quizá un ejemplo de autocomplacencia sería pedir comida a domicilio cinco noches seguidas porque te resulta más fácil que cocinar; la voz crítica te espetaría que no tienes límites y te machacaría por haberlo hecho, aunque fuese solo una noche. En cambio, si pones en práctica la autocompasión, te darás cuenta de que, aunque te apetezca mucho quedarte en el sofá descansando, si te cocinas un plato delicioso de comida, también te estarás cuidando y regalándote un rato de disfrute.

Mostrar una actitud compasiva hacia nosotros mismos no significa que vayamos a decirnos «no pasa nada» cuando sí pasa. De lo que se trata es de hablarnos con amabilidad a la hora de decirnos la verdad y no juzgarnos por ello.

A Kristin Neff, prestigiosa académica de Psicología en Estados Unidos, se la considera pionera en los estudios en torno al tema de la autocompasión. Neff afirma que esta mirada se compone de tres elementos:

1. **La amabilidad con uno mismo** implica que somos cariñosos y comprensivos con nosotros mismos cuando sufrimos, nos equivocamos o nos sentimos inadecuados en lugar de ignorar nuestro dolor o fustigarnos con la autocrítica. La realidad es que en algún punto todos vamos a fallar en algo, nos vamos a equivocar, las cosas no van a salir como esperábamos y eso no va a hacer que valgamos menos como personas. A pesar de todo, merecemos que nos traten con amabilidad y no con crítica.

2. **La humanidad compartida.** Sufrir es parte de la condición humana y no estamos solos en nuestro sufrimiento. No es algo que solo nos suceda a nosotros, sino que todo el mundo pasa por ello, y reconocer que somos vulnerables e imperfectos, exactamente como el resto, genera un sentimiento de conexión, de que es una experiencia compartida en vez de algo que atravesamos solos.

3. **El *mindfulness*** es un estado en el que no juzgamos lo que sentimos y pensamos, sin intentar apartar ni reprimir nada de ello. No podemos ignorar nuestro dolor y a la vez ser compasivos con él; no queremos evitarlo, pero tampoco queremos aferrarnos a él y regodearnos en la herida. Como te habrás dado cuenta, esto encaja a la perfección con lo que hablábamos de aprender a sentarnos con nuestras emociones (página 178).

Cuando logremos poner en práctica estos tres elementos en nuestra manera de hablarnos, podremos ofrecernos compasión. Imagina que suspendes un examen, o que te presentas a una oferta de trabajo y no eligen tu candidatura; quizá tu primer instinto sea decirte: «Has fracasado, eres idiota. Pues ahora vas a quedarte aquí y a esforzarte al máximo día tras día hasta que lo consigas». Es una respuesta crítica, estricta y cruel, y nunca le dirías algo así (o eso espero) a un amigo o a un familiar. Si utilizamos los tres elementos de la autocompasión, quizá nos digamos algo más parecido a esto: «No ha salido como esperaba y me duele *(mindfulness)*. Esto le pasa a todo el mundo, así que no estoy solo *(humanidad compartida).* Mañana, después de dormir bien, puedo volver a trabajar en ello para mejorar e intentar que la próxima vez vaya mejor *(amabilidad hacia uno mismo)»*. ¿Te das cuenta? En esta segunda versión no estás negando lo que ha pasado ni los sentimientos que la experiencia te genera.

Hablarte con una voz compasiva puede que al principio te incomode. Eso es buena señal, porque significa que lo necesitas. Es incómodo porque no te resulta familiar y te obliga a tratarte como si tu autoestima fuera alta y fija a pesar de lo que te pase, y eso puede chocar y contradecir las creencias que tienes sobre ti. Observa esa incomodidad y no intentes apartarla, entiende por qué aparece y no desistas. Sigue practicando.

Otra manera para trabajar la autocompasión es escribirte una carta imaginando que se la escribes a una futura versión de ti que ha aprendido a quererse (y eso incluye a tu yo del presente) de manera incondicional. Esto te permite imaginar cómo sería vivir en la piel de la persona a la que aspiras llegar a ser y darte los consejos, el apoyo y la perspectiva que necesita tu versión actual para avanzar en la dirección adecuada. ¿Cómo te hablarías? ¿Qué te gustaría que te dijera otra persona? ¿Qué necesitas oír ahora mismo, hoy? ¿Necesitas unas palabras de aliento? ¿Que alguien te perdone? ¿Algo que te insufle esperanza? Cuando escribí mi primera carta, empecé con algo así: «Pixie, cariño, eres increíble. Es hora de que dejes de ser tan dura contigo misma porque tu vida va a mejorar muchísimo cuando lo hagas». Tanto escribir como leer este tipo de cartas puede ser una experiencia muy poderosa que puede empezar a cambiar la manera en que te ves, te hablas y te tratas.

Si lo de escribir cartas no es lo tuyo, no pasa nada, puedes replantearte tus pensamientos críticos. A algunas personas les va bien escribirlos cuando los detectan para ser más conscientes de ellos, para saber con qué frecuencia aparecen y las palabras exactas que usan. Exteriorizar estos juicios y críticas, y plasmarlos en una hoja de papel (o la aplicación de notas de tu móvil) cambia totalmente la percepción que tendrás de ellos. Mis clientes me suelen decir que, en cuanto las palabras salen de su cabeza y las leen, se dan cuenta de lo duras que son.

Parar los pies a los pensamientos negativos automáticos con terapia cognitiva conductual

Si has tenido algún contacto con la terapia cognitiva conductual (TCC) quizá hayas oído hablar del concepto de *pensamientos negativos automáticos*. Si no te suena de nada, te informo de que son pensamientos irracionales que no resultan útiles y aparecen en tu mente sin poder controlarlos, normalmente como respuesta a algún tipo de detonante. Dado que son automáticos, la sensación es que aparecen de la nada —quizá ni siquiera les prestemos demasiada atención—, pero pueden tener un impacto negativo en la percepción que tenemos de nosotros mismos y del mundo. Pese a todo, con tiempo y esfuerzo podemos identificarlos y transformarlos en algo más positivo.

Por ejemplo, el detonante que puede hacer que aparezca un pensamiento negativo automático podría ser decir algo con lo que un amigo está abiertamente en desacuerdo. El pensamiento podría formularse así: «La he fastidiado, qué mal amigo soy, ahora seguro que me odia porque creerá que soy idiota». Un pensamiento alternativo o adaptativo podría ser: «No pasa nada porque mi amigo y yo tengamos opiniones diferentes. Eso no significa que vaya a pensar mal de mí; de hecho, es interesante escuchar otros puntos de vista».

Cuando cuestionamos y reformulamos nuestros pensamientos negativos, con el tiempo podemos disminuir la frecuencia con la que nos acechan y generar más pensamientos positivos de manera automática. Si seguimos remodelando estos pensamientos de manera consciente y sistemática, lograremos finalmente llegar a un punto en el que la mirada positiva nos salga de forma natural. Es algo parecido a aprender a conducir: al principio, cada acción requiere un esfuerzo consciente, pero después de mucha práctica se convierte en algo instintivo, y al final acabamos conduciendo mientras hablamos con otra persona sin dificultad. Lo mismo sucede con los pensamientos.

Reemplazar pensamientos negativos automáticos

Si quieres intentarlo, coge una hoja de papel, colócala en posición horizontal y divídela en tres columnas con los encabezados: «Detonante», «Pensamiento negativo automático» y «Pensamiento alternativo o adaptativo». Después, cuando detectes que aparece uno, apúntalo e identifica qué lo ha detonado si es posible. Un truco para detectarlos es pararse a pensar en lo que ha pasado justo antes de tener el pensamiento. Si no te da tiempo a proponer una alternativa más adaptativa, no pasa nada, puedes dejarlo para más tarde. Repite este ejercicio hasta que aparezca un pensamiento más positivo de manera automática.

Aquí tienes unos cuantos ejemplos.

Apunta tus pensamientos negativos automáticos

Detonante	Pensamiento negativo automático	Pensamiento alternativo o adaptativo
«He cenado y me he dado cuenta después de que tenía el estómago superlleno».	«No tengo límite, he comido demasiado».	«He comido y he superado el nivel de saciedad cómodo. Ahora tengo malestar, pero esto no hace que valga menos como persona».
«Una amiga me ha dicho que le he hecho daño con algo que le he dicho».	«Soy una persona horrible. ¿Cómo le he podido hacer eso a mi amiga?».	«Qué suerte saber que mi amiga se ha sentido cómoda para poder decírmelo. Le he pedido perdón y voy a tenerlo en cuenta para el futuro».
«Me he equivocado en el trabajo y alguien lo ha comentado».	«Soy idiota, no valgo para nada y ahora todo el mundo lo sabe».	«Todo el mundo se equivoca, y yo también puedo cometer errores».

Hacer *defusing* gracias a la terapia de compromiso y aceptación

En la TCC afrontamos los pensamientos negativos sobre nosotros mismos, los diseccionamos y proponemos contraargumentos para combatirlos. Esta puede convertirse en una estrategia muy útil, pero sin duda no es la única. También podemos poner en práctica la técnica de *defusing*, un método que se usa en la terapia de aceptación y compromiso (ACT, por sus siglas en inglés).

La fusión tiene lugar cuando creemos que somos nuestros pensamientos y emociones, cuando nos fundimos con ellos. No sabemos separar lo que sentimos en ese momento, de manera temporal, de lo que somos. La fusión siempre es dañina, así que, si no lo sientes así, no la estás viviendo. ¿Para qué íbamos a esforzarnos en separarnos de unos pensamientos o emociones y practicar el *defusing* si nos sentimos cómodos y bien con ellos?

Existen seis tipos de fusiones, que suelen entremezclarse y combinarse unas con otras:

1. Fusión con el pasado (por ejemplo, a través de la rumiación).
2. Fusión con el futuro (por ejemplo, bucles con posibles «qué pasaría si...» o catastrofismo).
3. Fusión con el concepto de uno mismo (por ejemplo: «Estoy roto»).
4. Fusión con argumentos (por ejemplo: «No puedo cambiar porque entonces la gente no me querrá»).
5. Fusión con normas (por ejemplo, el uso del *debería:* «No debería pedir comida a domicilio»).
6. Fusión con juicios (por ejemplo: «Qué idiota soy...»).

Sabrás que te has fusionado con un pensamiento, o que te has aferrado a él, porque sentirás que tiene mucho poder sobre ti. Una señal clara para saber que te irá bien practicar la técnica de *defusing* es sentir que tus pensamientos y emociones a veces te superan, te confunden, te regodeas en ellos, te consumen o te controlan. Al distanciarnos de nuestros pensamientos creamos el espacio necesario para centrar nuestra atención en otras cosas que pueden ser más importantes en nuestra vida, en vez de quedarnos atrapados en un bucle de rumiación.

Mi truco favorito para practicar esta técnica es tan fácil como completar la frase: «Estoy pensando que...» cuando cualquier pensamiento aparece en mi mente. Es muy fácil y muy efectiva. Si no me crees, fíjate qué diferentes son estas dos afirmaciones:

«No soy suficientemente bueno»
o
«Estoy pensando que no soy suficientemente bueno».

¿No te parece maravilloso? La primera se presenta como un hecho objetivo, mientras que la segunda nos deja claro que se trata de un pensamiento. No lo ignoramos ni negamos que está ahí, pero nos avisa de la realidad a la que nos estamos enfrentando: es un pensamiento, no un hecho. Así le quita un poco de peso y nos ayuda a dar un paso atrás y decir: «Ah, vale, esto es un pensamiento, qué interesante». Esta formulación nos ayuda a observarlo en vez de dejarnos arrastrar por él. Si quieres ir un poco más allá, puedes añadir: «Me doy cuenta de que estoy pensando que...», así interpones más distancia entre el pensamiento y tú, y le quitas aún más poder sobre ti.

Si aprendes mejor a través de la cinética (es decir, a través del cuerpo y del movimiento), coge dos hojas y escribe las dos frases. Toma la primera frase, pégatela bien a la cara e intenta leerla. Esa es la sensación más parecida a cuando nos enganchamos a un pensamiento: lo tenemos justo delante y nos resulta casi imposible ver nada más, ni siquiera lo que tenemos enfrente. Ahora, coge la hoja con la segunda frase, la que utilizas para el *defusing*, alarga el brazo y léela. El pensamiento sigue estando ahí, le prestas atención, pero tienes más perspectiva, porque ves todo lo que hay a tu alrededor sin problemas.

Da igual si los pensamientos son reales o no, eso es lo maravilloso de esta técnica: no se trata de intentar demostrar si son verdad o mentira. La meta que nos proponemos no es debatir si eres suficientemente bueno o no, eso ya lo hablaremos más adelante; lo que queremos es ayudarte a distanciarte de tu pensamiento en ese momento, a que te des cuenta de que es solo eso, un pensamiento (no un hecho objetivo), y a ganar la suficiente perspectiva para que puedas aprovechar el día sin quedarte atrapado en un bucle.

Descubre qué te funciona

En mi consulta, siempre intento ofrecer a mis clientes diversas opciones, porque hay herramientas que encajan mejor con unas personas que con otras, y hay técnicas más aplicables a determinados tipos de pensamiento o situaciones. Déjame darte un ejemplo: a Poppy le diagnosticaron cáncer cuando era joven y, después de hacer un tratamiento y que le remitiera, desarrolló un trastorno de ortorexia en el intento de controlar de alguna manera su cuerpo, movida por el miedo que sentía ante la idea de que el cáncer pudiera reaparecer. Ella hacía terapia con un psicólogo que usaba principalmente TCC y también conmigo, y en una de nuestras sesiones me confesó que pensaba que no le estaba funcionando. Me dijo que estaba haciendo lo que le pedía, que hacía frente a los pensamientos críticos y negativos que aparecían en su mente y le decían que no podía comer según qué tipo de alimentos, pero que se había dado cuenta de que no avanzaba. ¿Cuál era el motivo? Pues que su miedo más profundo era lo que hacía que su voz crítica le preguntase: «¿Y qué pasa si vuelve a aparecer el cáncer?». Contra ese argumento no tenía nada que hacer, y la entendía perfectamente. ¿Quién podría replicar nada ante un temor como este? Nadie quiere pasar por ahí. Así pues, decidimos dejar las técnicas de TCC y probamos la práctica del *defusing*. Funcionó de maravilla y la ayudó a llegar a un lugar en el que se sentía mucho mejor con la comida, más relajada con el tema, más flexible y disfrutaba más.

Hay personas a las que contraatacar a sus pensamientos les va genial, y a las que les gusta practicar y hacerlo a menudo porque eso les da la sensación de que están defendiéndose y luchando por su bienestar. Pero también es cierto que hay gente a la que este trabajo la agota y, además, no la ayuda, por lo que le va mejor distanciarse de sus pensamientos. En mi opinión, a todo el mundo le vendría bien ser un poco más compasivo en su vida y practicar el trato amable consigo mismo. La autocrítica no te funciona, si no, no querrías apartarla de tu vida y no estarías buscando otras alternativas en este libro. Aprender a hablarte con más amabilidad y despegarte de tus pensamientos te ayudará a conseguir la relación positiva que quieres construir con la comida y contigo.

CAPÍTULO 18

Perfeccionismo adaptativo

Cuando hablamos de perfeccionismo en el capítulo 9, quise diferenciar entre el perfeccionismo adaptativo y el desadaptativo, y me centré en este último. Ahora, en cambio, nos centraremos en la parte más positiva de este rasgo.

A diferencia del perfeccionismo desadaptativo, que se caracteriza por marcar estándares demasiado altos e irreales, y por una voz crítica severa, el perfeccionismo adaptativo es sano, ya que se relaciona con la ambición, la motivación y el compromiso con los objetivos. Las personas con este tipo de perfeccionismo se marcan estándares altos pero realistas, y no se critican con dureza y crueldad cuando no logran alcanzarlos.

Si al leer el apartado del perfeccionismo más negativo te identificaste con ese perfil, calma: aún hay esperanza. Se puede trabajar para transformarlo y convertirlo en una herramienta sana y adaptativa que te permita encontrar más satisfacción en tu vida. ¿Y cómo puedes conseguirlo? Pues plantando cara a los pensamientos y a los comportamientos perfeccionistas.

Pensamiento perfeccionista

Generalmente, el perfeccionismo desadaptativo sigue los siguientes patrones de pensamiento: la autocrítica, el pensamiento polarizado, el uso constante del *debería* y el miedo al fracaso. Puede parecerte mucho, pero te aseguro que podemos plantarle cara.

En el capítulo anterior ya hemos visto maneras de cultivar una voz más compasiva para reeducar y apaciguar a la voz crítica, así que, si eres una persona perfeccionista, te resultará beneficioso combinar las técnicas que ya te he recomendado con las estrategias que te voy a presentar a continuación.

El pensamiento polarizado, o «blanco o negro», se caracteriza por el hecho de que la persona que lo manifiesta es incapaz de encontrar un punto medio o de ver la escala de grises en una situación. Para ponerte ejemplos más claros, lamento decirte que, si eres de las personas que dice «¡A la mierda!» cuando algo no le sale bien, si usas mucho «siempre» y «nunca», aunque no se ajusten a la verdad, o si algo por debajo de un sobresaliente te parece un fracaso, tienes un pensamiento polarizado de manual. La mejor forma de modificar este tipo de pensamiento para empezar a identificar esa escala de grises es a través del lenguaje. Fíjate cuando te oigas pronunciar *siempre* y prueba a decir *a veces* o *a menudo*. No dejes pasar tampoco los *nunca* y cámbialo por *pocas veces*. Mira qué diferencia hay entre una frase como «siempre me equivoco» y «a veces me equivoco». La segunda frase suena mucho más amable, realista y alentadora. Después de eso, puedo volver a intentarlo porque siento que existe una posibilidad de éxito.

Un pariente cercano del pensamiento polarizado que muchos conocemos es el catastrofismo, el fenómeno por el que tu mente te lleva inmediatamente a la peor situación que te puedas imaginar. No es lo mismo que la exageración, porque la persona no lo hace de manera intencionada, sino que tu mente te planta estas opciones delante sin que se las pidas. En consulta, he observado que muchas personas perfeccionistas que sienten ansiedad por temas relacionados con la comida y con su cuerpo tienden al catastrofismo. Estos clientes, solo con imaginar que se saltan alguna de sus normas respecto a los alimentos que pueden comer o las dietas que siguen, inmediatamente se inquietan y su mente les empieza a bombardear con situaciones horribles que empiezan con la premisa: «¿Y qué pasa si...?». La respuesta que suelo darles es: «Vale, y si pasa otra cosa, ¿qué?».

Buscar alternativas

Si el pensamiento polarizado o el catastrofismo te atrapan y solo te dejan ver dos opciones o posibilidades, una práctica que seguramente te irá bien es escribir todas las opciones que puedas imaginar. Cuantas más se te ocurran, mejor. Este ejercicio puede ser un recurso muy útil para aquellas personas a las que les encantan la lógica y la escritura.

Los perfeccionistas desadaptativos con los que hablo a menudo suelen ser personas complacientes con los demás (como ya comentamos en el capítulo 11 sobre los límites) y sienten la necesidad de ser los amigos perfectos. Esto, a su vez, puede hacerles desarrollar otro tipo de pensamiento limitante y nada práctico que se conoce como *lectura de la mente*. Si un amigo cancela un plan contigo y lo primero que te viene a la cabeza es que te odia, lamento comunicarte que es tu caso. Este tipo de pensamiento cuesta quitárselo de encima; por lo general, se desarrolla porque, en algún momento de nuestra vida, nos han enseñado que las cosas suelen pasar por nuestra culpa. Es hora de quitarse esa idea de la cabeza y de reeducar a nuestro cerebro para que se plantee otras alternativas. Si tu amigo ha cancelado una cita, ¿qué otras razones puede tener para hacerlo? Elabora una lista y date cuenta de que centrarte solo en una posibilidad (la que además te echa a ti la culpa) no es acertado ni útil.

Los ejercicios de escritura son muy útiles para todos estos tipos de pensamientos que forman parte del perfeccionismo desadaptativo. También podemos practicar esta actividad cuando nos demos cuenta de que estamos usando mucho la palabra *debería*. A estas alturas, quizá ya te hayas dado cuenta de que no soy muy fan de este término, y creo que a todo el mundo nos iría la vida mucho mejor si nos olvidásemos un poco de él o al menos lo dejásemos en el banquillo más tiempo. Muchas veces, aprovecho la oportunidad para proponer a mis clientes que reformulen las frases que dicen y que incluyen un *debería*, y que lo cambien por un *podría*. Cuando usamos un *debo* creamos una expectativa y nos ponemos una presión añadida, mientras que con el *puedo* abrimos la puerta a otras posibilidades. Otra opción que les doy es que cambien el verbo de obligación por *quiero* para ver las diferentes emociones que genera en su interior. Te lo volveré a repetir: *debería* crea unas expectativas y, por lo general, suele ser algo externo, mientras que si decimos *quiero*, expresamos un deseo, que suele ser algo interno, algo que nace de ti. Solo con que cambiemos una frase como «debería hacer más ejercicio» por «quiero hacer más ejercicio», o «debería ser capaz de dejar de comer cuando me noto el estómago lleno» por «quiero dejar de comer cuando no tengo más hambre», estaremos dando los primeros pasos en la dirección correcta. El perfeccionismo desadaptativo nos trae muchos *deberías* y una presión constante, sin embargo, el adaptativo nos invita a abrir la puerta al *puedo* y nos anima a creer que podemos conseguir lo que buscamos.

Si al leer la descripción crees que tu mente sigue estos patrones que lastran nuestra manera de pensar, quizá una buena opción para ti sea aunar todos estos ejercicios de escritura en uno, y tener un diario para drenar tus pensamientos. En TCC esto se conoce como el modelo ABC, por sus siglas en inglés (*activating event, beliefs* y *consequences*, o «evento activador, creencias y consecuencias»). Aunque se parece bastante a la tabla que hicimos en el capítulo anterior para trabajar con los pensamientos negativos automáticos, ahora nos vamos a centrar específicamente en identificar los pensamientos concretos que nos lastran y los estilos de pensamiento que asociamos con el perfeccionismo. Sería algo así:

Funcionamiento del modelo ABC			
Evento activador (detonante)	**Creencias y pensamientos**	**Consecuencias**	**Estilo de pensamiento dañino**
¿Qué estaba pasando en ese momento?	¿Qué te estabas diciendo?	¿Cómo te ha hecho sentir? ¿Qué has hecho?	¿Eran pensamientos catastrofistas? ¿De blanco o negro? ¿Lectura de la mente? ¿O has usado el *debería*?
«No me cabían los vaqueros».	«Estos vaqueros deberían irme bien». «No valgo para nada».	Frustración, tristeza, malestar. «Casi cancelo el plan que tenía organizado».	*Debería* y pensamiento polarizado.

A veces necesitamos dedicar un tiempo para analizar y observar con calma lo que está pasando en nuestra cabeza e identificar qué patrones siguen nuestros pensamientos antes de trabajar con conciencia para cambiarlos. Un diario de pensamientos te ayudará a identificar tus desencadenantes, te obliga a prestar atención a la manera en la que te hablas y, además, te permite combinar este trabajo con tu práctica para cultivar la autocompasión. De esta manera lograrás transformar este perfeccionismo desadaptativo en uno más funcional: detectando y analizando pensamientos, uno a uno.

Grandes expectativas y el fracaso

Muchas personas tenemos una relación difícil con el fracaso. El miedo que nos genera puede relacionarse con motivos muy diversos y suele tener su origen en nuestra infancia, la época en la que nuestros padres, profesores o cualquier otra figura que fuese importante para nosotros quizá nos ignoraban, a nosotros y a nuestras necesidades, a diario, o directamente nos humillaban.

Las personas con perfeccionismo desadaptativo le tienen mucho miedo al fracaso y, además, un listón muy bajo sobre qué constituye un fracaso. No tienen por qué suspender un examen, un notable también les puede parecer un fracaso absoluto. Los perfeccionistas a menudo entienden que un error es un fracaso, lo que, irónicamente, les hace sentir que viven muchísimos más que el resto de personas que no se marcan unos estándares tan difíciles de cumplir. Además, en un intento por evitar su peor pesadilla, este tipo de personas suelen procrastinar porque es imposible fracasar cuando ni siquiera lo intentas.

Por mi experiencia, cuando estuve trabajando para convertir mi perfeccionismo en una versión más funcional, para crear una relación más sana y natural con el fracaso me obligué a vivirlo más en mis carnes y a sentarme con el malestar que me generaba. Otra cosa que hice fue intentar cambiar la percepción que tenía de los fracasos que había vivido en el pasado; por ejemplo, la Facultad de Medicina me negó la plaza que quería dos veces, a pesar de tener la nota necesaria y, aunque fue devastador en aquel momento, ha resultado una de las mejores cosas que me han pasado en la vida. Si hubiese conseguido entrar, no habría acabado en el trabajo y la profesión a los que me dedico hoy, ya que después de que la universidad me denegara la plaza, decidí estudiar Nutrición dos meses antes de que empezaran las clases. El fracaso es una parte inevitable de la vida, así que lo mejor que podemos hacer es intentar aprovecharlo para sacar un aprendizaje de la experiencia.

La idea de «practicar el fracaso» puede parecernos extraña, pero tiene sentido: si desmitificas la derrota, se convierte en algo más normal y natural, por lo que pierde el poder que ahora mismo ejerce sobre ti. Ahora, el trabajo para lograrlo sería pararte a reflexionar qué te iría bien, teniendo en cuenta la imagen que tienes de ti y lo que supone para ti un fracaso. Quizá puedas practicar no pedir perdón cuando te equivoques al hablar, ponerte algo de ropa que no acabe de combinar bien, salir a la calle sin maquillaje, responder a una pregunta en alguna clase o en el trabajo aunque no tengas claro si tu respuesta es la correcta, pedir ayuda (ya que esto significa admitir que no lo puedes hacer perfectamente por tu cuenta) o probar una nueva afición y hacerlo fatal delante de todo el mundo.

También te recomiendo que expliques tus fracasos a la gente en la que confías. Por experiencia propia, te puedo decir que es muy sanador compartir con alguien lo que te ha pasado y que respondan: «¡A mí también me pasó!». Oír hablar de los fracasos de los demás también ayuda mucho, pero no te quedes con la boca cerrada, ¿eh? Cuenta tú también los tuyos.

Algo «correcto» es correcto

Lo ideal sería no aspirar a lo «perfecto», sino a lo «suficientemente bueno». Un nivel correcto está bien. Quizá valdría la pena plantearnos hacer algo para que salga correctamente, en vez de intentar hacer algo a la perfección. Poner en práctica este principio no significa que nuestro objetivo sea hacer un trabajo de baja calidad y que no nos vayamos a implicar, sino que este concepto nos ayudará a identificar con más exactitud qué necesitamos para hacer un buen trabajo, basándonos en los resultados de nuestro trabajo y en las metas que nos hayamos marcado. Lo que entendamos por un «buen trabajo» dependerá de cada situación y, en algunos casos, los requisitos que nos marquemos para considerar que un trabajo es correcto puede que sigan siendo bastante altos. Sin embargo, también habrá otras veces en las que estos estándares nos ayudarán a relajarnos un poco, a no fracasar y a mejorar nuestro nivel de calidad de vida. Cuando miro atrás y veo el proceso personal y el trabajo que he hecho a lo largo de las tres formaciones que he realizado, me parece increíble. Cuando estudié Bioquímica, el perfeccionismo desadaptativo tenía un control total sobre mí, por lo que nada era suficiente si no era perfecto. Solo podía sentirme satisfecha si era la mejor de la clase, lo cual conseguí, pero sacrificando mi vida personal. Cuando empecé a estudiar Nutrición, mis estándares seguían siendo muy altos; ya no me comparaba con los demás, pero, aun así, quería sacar la mejor nota: matrícula de honor. Había comenzado a cambiar mi enfoque hacia los estudios para buscar un método más funcional y eso me ayudó a disfrutar más del camino. Para acabar, cuando me embarqué en la formación en Psicoterapia y acompañamiento, ya había conseguido transformar mi perfeccionismo en la versión adaptativa, puesto que por entonces ya había realizado mucho trabajo de autoconocimiento y, además, por fin había calado en mí la idea de que a nadie le importa la nota que saques mientras apruebes. Así pues, en ese momento, «lo correcto» era aprobar y terminar mi formación, esforzarme sin sacrificar mi bienestar y disfrutar del proceso. Las notas que sacaba en los trabajos individuales iban variando, desde un aprobado a una matrícula de honor, y me di cuenta de que no era el fin del mundo y de que vivía mejor y más tranquila así. ¿Qué significa que algo es «correcto» según tus estándares? Aquí te dejo una lista con posibles ejemplos:

- Prepararte la cena al menos cuatro noches a la semana en vez de prohibirte tajantemente pedir comida a domicilio.
- Corregir tu trabajo dos veces en lugar de hacerlo diez para asegurarte de que no haya ni un error.
- Decidir qué día de la semana limpias la casa, en vez de limpiar todo el rato para que todo esté impecable siempre.

- Delegar tareas en vez de quedarte hasta tarde para intentar hacerlo todo sin ayuda.
- Sentarte a escribir media hora en lugar de pretender redactar un trabajo de golpe.
- Pedir ayuda y consejo, y no intentar hacerlo todo por tu cuenta.
- Hacer ejercicio unos veinte minutos varias veces por semana en vez de exigirte entrenar una hora siempre que vayas al gimnasio.
- Elegir ropa cómoda en lugar de vaciar el armario para buscar el conjunto perfecto.

En pocas palabras, si quieres trabajar en tu perfeccionismo y transformarlo para hacerlo más funcional, sigue los siguientes pasos:

- Observa y detecta los patrones de pensamiento que te lastran y trabaja para cambiarlos de manera consciente.
- Cambia la idea que tienes de *fracaso* y considéralo algo normal que forma parte de la vida para que deje de darte tanto miedo.
- Márcate nuevos estándares que te hagan sentir que haces las cosas «correctamente», aprende qué es suficientemente bueno para ti y no aspires a la perfección.
- Celebra cuando alcanzas alguna meta o haces algo bien. Si no logras cumplir tus expectativas, analiza y descubre qué ha pasado, valora si siguen siendo demasiado altas y practica la autocompasión.
- Repite todos estos pasos una y otra vez hasta que notes que tu mentalidad va cambiando.

Cuando conseguimos reeducar nuestra mente perfeccionista y cambiar los pensamientos y comportamientos característicos por una versión más adaptativa, reducimos el riesgo de sufrir ansiedad y depresión, procrastinaremos menos y tendremos más posibilidades de disfrutar de nuestra vida. ¿Y no va precisamente de eso la cosa? Machacarte por no tener el cuerpo «perfecto», por no sacar la nota «perfecta» en la universidad o por no comer el menú «perfecto» no te ha ayudado a llegar adonde querías en la vida. Así que olvídate de la perfección. Quédate con lo correcto, con lo que es suficiente.

CAPÍTULO 19

Superar las defensas

Como te expliqué en el capítulo 7, todo el mundo tiene mecanismos de defensa porque nacen de la necesidad de protegernos. Aunque nos ayudan muchísimo y pueden ser muy útiles, a veces permanecen más de lo necesario con nosotros y frenan nuestro crecimiento, o impiden que pidamos ayuda o apoyo para seguir avanzando. El hecho de que estés leyendo este libro me indica que tus mecanismos de defensa no son impermeables o que, al menos, a veces dudas de si te sirven tanto como crees. Incluso si estás en un punto en el que eres capaz de admitir que hay cosas que quieres trabajar para sanarte, la negación puede volver a hacer de las suyas cuando el camino se complique.

Trabajar para traspasar la negación

La negación puede aparecer en nuestras vidas de mil maneras: diciéndonos «estoy bien» cuando está claro que no es así, rechazando la idea de buscar ayuda para autoconvencernos de que no es tan importante, minimizando lo que hemos vivido y el trauma que llevamos a las espaldas, racionalizando e inventándonos excusas para justificarnos, echándole la culpa a otros por algo que hemos causado nosotros...

La negación tiene mucha fuerza porque está ahí para intentar ayudarnos. Sin embargo, ignorar nuestras emociones, nuestros recuerdos y nuestras vivencias puede conllevar consecuencias inesperadas. Todo lo que intentamos reprimir y ocultar en lo más profundo al final acaba saliendo. Mientras tanto, se queda ahí esperando y va fermentando en nuestro interior, hasta que la presión se hace insostenible y explotamos. Vale la pena dejarlo salir cuando estamos preparados y entiendes lo que está ocurriendo.

¿Y esto qué significa? Pues que tenemos que gestionar lo que vaya surgiendo en cada momento, sin reprimirlo ni postergarlo una y otra vez hasta que te veas obligado a afrontarlo. Es como si decidieras pagar tu factura de impuestos una vez al año en lugar de hacerlo mensualmente: créeme, como profesional autónoma, duele.

Cuando hablamos de la relación que una persona tiene con la comida, una forma de negación con la que suelo encontrarme tiene que ver con las decisiones: la idea de que todo lo que comemos es algo que hemos decidido. Aunque no creo que una persona no pueda hacer nada para combatir la alimentación desordenada o emocional, me parece fundamental aceptar que no se percibe como una decisión consciente. Como les suelo decir a mis clientes: «Si de verdad tuvieses elección, no creo que eligieras eso». Lo que llamamos *decisiones* pueden estar tan arraigadas en nuestro ser que se convierten en respuestas prácticamente inconscientes. Cuando tienes pensamientos automáticos, no los decides tú, pero lo que sí puedes controlar es lo que viene después. No puedes decidir qué emociones sentir, pero sí cómo expresarlas. Las maneras en las que respondes al trauma que has vivido no dependen de ti, pero lo que sí puedes hacer para tomar las riendas de la situación actual es trabajar para entenderlas mejor.

Hay muchas maneras de superar los mecanismos de defensa como la negación. Escribir y llevar un diario es uno de mis recursos favoritos, ya que puede ayudarte a confrontar y admitir lo que está pasando en tu vida una vez que lo ves escrito con tus propias palabras. Si una persona en consulta me dice: «A veces puedo ser un poco dura conmigo misma, pero tampoco es para tanto», sé que escribir esos pensamientos autocríticos puede abrirle los ojos a la realidad. Además de la escritura, la práctica de la atención plena o *mindfulness* te permite distanciarte de lo que tienes delante y observar con más calma lo que está pasando y valorar bien la situación antes de responder, mientras que un buen terapeuta puede ayudarte a mirarte en el espejo y ver lo que realmente está sucediendo. La otra ventaja de trabajar con un terapeuta es que te puede confrontar en el momento y sacarte de la negación en cuanto la expresas. Cuando Roger me dice: «Lo que me pasó no fue para tanto», la seguridad y confianza de nuestro vínculo me permite decirle que no siga por ahí. Y si hace falta, podemos repasar preguntas que ya hemos tratado antes. También te las voy a dejar aquí para que tú mismo puedas explorar tu historia si crees que has vivido alguna experiencia que pueda contener algún tipo de carga traumática.

¿Qué ganas al restar importancia a tus vivencias? Quizá te ayude a no pensar tanto en ellas o te evita tener que hablar de ellas; incluso puedes llegar a fingir que no han sucedido. Tal vez así intentes convencerte de que tu infancia fue buena o de que tus padres en realidad fueron buenos padres.

¿Qué significaría para ti que lo que te pasó en realidad sí es importante? Quizá implicaría que estabas indefenso y que no podías hacer nada para evitarlo, y sentirte impotente es muy incómodo. Tal vez lo que pasa es que asumir esa verdad te haría salir de la burbuja de negación en la que estás, y eso te haría conectar con el dolor que implica.

Si una de tus amistades te contase esa misma historia, ¿le dirías que no es para tanto? Algo me dice que no.

Si te gustan las visualizaciones, te invito a cerrar los ojos e imaginar que estás flotando dentro una burbuja, tu burbuja de la negación. Los pensamientos, las creencias y las narrativas que viven en su interior hacen imposible que se rompa. ¿Qué te hacen sentir estas narrativas? ¿Te transmiten paz y comodidad? Ahora piensa en el espacio que hay fuera de esta burbuja. ¿Qué aspecto tiene ese paisaje? ¿Qué pensamientos, creencias y emociones crees que hay ahí fuera? Si te dan miedo o te abruman, puedes volver a tu burbuja. Puedes ir repitiendo esta práctica y, poco a poco, intentar pasar más tiempo en el mundo exterior, fuera de tu burbuja de negación, hasta que llegue el momento en el que la burbuja estalle porque ya no tenga fuerza para sostenerse.

Si aun así sigues creyendo que no es para tanto, hazte las siguientes preguntas:

- Si no es para tanto, ¿por qué sientes que no se lo puedes decir a nadie?
- Si no es para tanto, ¿por qué te avergüenza?
- Si no es para tanto, ¿por qué te genera emociones intensas y te trae recuerdos difíciles?

Sí es importante. Es hora de salir de la negación y avanzar hacia la aceptación.

Llegar a la aceptación

Hace ya muchos años me indignaba con solo pensar en la idea de la aceptación. Para mí era sinónimo de rendirse, hasta que mi terapeuta me explicó con más detalle lo que significaba, y la verdad es que me convenció y ahora soy una firme defensora de la causa.

La aceptación nos trae libertad y paz. En mi caso, fue lo que me permitió hablar de la muerte de mi padre sin que una oleada de tristeza me sacudiera entera. Aceptar algo no significa que te guste, que lo quieras, que sea tu elección ni que estés de acuerdo. Lo que sí implica es que has hecho las paces con la realidad de lo que ha pasado, lo que te ayuda a acabar con el sufrimiento que te supone negarlo o luchar contra esa realidad. No es un proceso pasivo, sino activo.

- Quizá tienes que aceptar que tu cuerpo no encaja con el ideal de belleza normativo.
- Quizá te toca aceptar que tus padres no fueron buenos padres.
- Puede que tengas que aceptar que cuando comes de manera emocional es la manera que tiene tu cerebro de ayudarte.
- A lo mejor te toca aceptar que estás usando tu cuerpo como excusa para no salir al mundo exterior y buscar el amor.
- Tal vez sea el momento de aceptar que no te funciona hacer dieta.
- Puede que te toque aceptar que estás frenando tu crecimiento porque tienes miedo.

- Quizá es hora de aceptar que las dinámicas que tienes con tus amistades, con tu pareja o con tu familia no son buenas y te iría bien trabajar para cambiarlas o alejarte.
- A lo mejor necesitas aceptar que no estás bien.

Las fases del duelo

Sea lo que sea que creas que tienes que aceptar, esta es la señal que estabas esperando para dar el paso.

Como ya te he explicado, entre la negación y la aceptación, se pasa por diferentes fases durante un proceso de duelo, aunque no hay un orden exacto, sino que cada persona las vive de una manera diferente. Además de estas dos de las que ya hemos hablado, también existen las fases de la depresión, de la negociación y de la rabia. ¿Cuál de ellas estás sintiendo ahora?

¿Estás en la fase de negación? Quizá te estás diciendo: «Esto no va conmigo», aunque en el fondo sabes que sí.

¿Estás en la fase de depresión? ¿Estás triste? ¿Leer esto te hace conectar con un sentimiento de soledad, vulnerabilidad o vacío?

¿Estás en la fase de negociación? Quizá en tu cabeza no dejas de pensar en posibilidades, con frases como «pero si...» o «¿qué pasaría si...?», para intentar buscar soluciones en lugar de aceptar la situación tal y como es.

¿Estás en la fase de rabia? ¿Te molesta que haya sacado el tema y que insista? ¿Te da rabia leer todo esto?

Puede que pases por alguna de estas fases o por todas mientras trabajas en tu duelo, hasta que llegues al punto de la aceptación. No te voy a mentir y decirte que va a ser un camino de rosas, va a ser duro y te va a doler, pero puedes ir dando pequeños pasos para empezar a recorrer el camino desde ahora.

Para darte un ejemplo, si estás trabajando para aceptar que las dietas no te funcionan, tu negación puede que haga que tu cerebro te empiece a decir: «¡Ni se te ocurra rendirte! ¡Lo vamos a conseguir!». O quizá la rabia diga: «¿Cómo se atreve Pixie a sugerir que las dietas no funcionan?». El recurso de la negociación puede hacer su aparición estelar y proponerte algo como «quizá es que no has encontrado tu dieta, ¿qué pasa si la siguiente que pruebes sí te da resultado?». Todo esto puede que te conecte con la pena al pensar en todo el tiempo que has perdido haciendo dietas y quizá pases por estas fases unas cuantas veces antes de llegar a aceptar tranquilamente que las dietas no son para ti.

Practicar la aceptación de las vivencias difíciles y traumáticas que has tenido en tu vida y que han configurado el vínculo que has construido contigo y con la comida puede ser simplemente conectar con las emociones que emergen cuando piensas en ellas, permitirles que existan durante un tiempo y luego dejarlas ir. Aceptar tus emociones significa que puedes sentarte con ellas un tiempo, como ya hemos dicho unas cuantas veces.

Para practicar la aceptación después de comer por cuestiones emocionales o de comer demasiado, podríamos decirnos algo así: «Me noto el estómago demasiado lleno; es una sensación incómoda, nada agradable. Voy a intentar aprender de esta experiencia y seguir adelante», y luego pasar página. Aceptar esta realidad también implica que no nos castigaremos después, no nos prohibiremos comer ni seremos crueles con nosotros mismos, porque no nos ayudará: lo único que conseguiremos es entrar en un círculo vicioso entre la restricción y los atracones, que seguiremos alimentando con el sentimiento de culpa. La aceptación nos ayuda a avanzar y a escuchar las necesidades de nuestro cuerpo, lo que puede incluir descanso si nos lo pide y volver a una rutina regular y normal de comida al día siguiente.

Como ya hemos visto, algo con lo que se pelea muchísima gente en su vida es la idea de aceptar su cuerpo tal y como es. Aceptar nuestro cuerpo no significa que nos tengamos que querer cada segundo de cada día, ni que nos encante cada rincón de nuestro ser, ni tampoco que no queramos cambiar absolutamente nada. Lo que quiero decir cuando hablo de aceptar tu cuerpo es que lo miras y te reconoces, que lo tratas con amor y respeto, y que te parece bien en este momento sin condiciones. Nada de «aceptaré mi cuerpo cuando llegue a tal peso o tal talla». Como te he explicado en el capítulo 16, «Hazle frente a la vergüenza», la aceptación de tu cuerpo, por definición, tiene que ser incondicional, lo que significa que lo aceptas sin importar la talla, el peso o la edad que tenga, las habilidades que presente o cualquier otro factor.

Empieza el camino hacia la aceptación de tu cuerpo

Nadie suele aceptar su cuerpo de un día para otro por muchas ganas que le ponga, sino que es un proceso en el que se trabaja a diario a través de pequeñas interacciones con el cuerpo que van demostrando que lo aceptamos. Puede ser a través de la manera en la que nos tocamos, en la que nos vestimos, en la que hablamos de él con los demás o incluso en el tipo de mirada que activamos cuando nos observamos en un espejo. Aquí te dejo algunos ejemplos para que puedas dar algunos pasos en esa dirección:

- Escribe una carta a tu cuerpo para darle las gracias por todas las cosas tan maravillosas que ha hecho por ti, desde permitirte correr, a darle un abrazo a una amiga, a dar a luz o simplemente mantenerte con vida todos estos años. Aprovecha también para pedirle perdón si lo crees necesario.
- Toca tu cuerpo con amor y cariño. Nada de pellizcarlo o toquetearlo con rechazo; acarícialo y trátalo con respeto. Quizá te sea más fácil aprovechar el momento después de una buena ducha para echarte crema y hacerlo con mucha conciencia. Y, ya que estás, regálate unos orgasmos, que nunca hacen daño.
- Teniendo en cuenta las capacidades de tu cuerpo, quizá puedas cultivar la gratitud por lo que te permite hacer: por ejemplo, gracias a mis brazos he podido acariciar a mi gata hoy, y gracias a mis piernas he podido salir a dar una vuelta para aprovechar el sol que hacía.
- Pregúntate: «¿Qué me está diciendo mi cuerpo?» para practicar la conexión con él. Las meditaciones con escaneo corporal pueden

serte muy útiles, o también intentar reconocer y responder a las señales físicas que te indican si tienes hambre o estás saciado. Puedes seguir una meditación guiada con una aplicación o simplemente parar unos minutos para respirar profundamente, cerrar los ojos y hacer un repaso de todo tu cuerpo, de la cabeza a los pies, observando todo lo que va surgiendo.

- Cómprate ropa de tu talla. Tu cuerpo te lo agradecerá y te sentirás mejor y más a gusto al dejarlo ser y vivir en tu piel.
- Acepta los halagos que te hagan los demás. Te lo recordaré una vez más: no tienes que coincidir con su opinión, lo importante es que te des cuenta de que te han dicho algo amable. Y te prometo que, con el tiempo, te irás acostumbrando y empezarás a creer que eres una persona que merece recibirlos.
- Familiarízate con tu imagen. Es imposible aceptarse completamente si no sabemos qué estamos aceptando. Si te incomoda demasiado, intenta empezar a observarte con más detenimiento mientras te cepillas los dientes.
- Reconoce que el objetivo de tu cuerpo no es tener un aspecto increíble, sino ofrecer un lugar seguro a tu increíble cerebro y ayudarte a conseguir lo que quieres en la vida. Tu cuerpo es de las cosas menos interesantes que tienes que ofrecer como persona. Este sería un buen momento también para formularte esas preguntas existenciales tan hermosas y profundas: «¿Cuáles son mis valores?», «¿Qué creo que me define como persona?».

Intenta empezar con alguna de estas propuestas y ve añadiendo más a medida que vaya pasando el tiempo, hasta que sientas que tienes un buen arsenal de herramientas para llegar a tu meta: la aceptación de tu cuerpo. No es un proceso sencillo, lo sé, el mundo está infestado por miles de industrias muy lucrativas y poderosas que intentan convencerte por todos los medios de que tu cuerpo está lleno de defectos y que no es lo suficientemente bueno, para así poder seguir vendiéndote el producto perfecto que solucionará todos tus problemas.

Aceptarnos realmente, ya sea de la idea de quiénes somos, de nuestro cuerpo o de lo que hemos vivido, es todo un reto. Un reto que se hace incluso más difícil cuando el mundo exterior nos dice que no estamos bien o que no somos suficientemente buenos. Es más complicado aceptar tu cuerpo cuando no encaja con la descripción que hace la sociedad de cómo «debería ser» un cuerpo, cuando te enfrentas cada día a la gordofobia y al estigma que hay en torno al peso. Aceptar tu identidad dentro de la comunidad LGTBQ+ es muy duro cuando lidiamos con la amenaza de la homofobia. Los sistemas opresivos, ya sea a través del racismo, de la gordofobia, de la homofobia o del capacitismo, o de una intersección de todos ellos, convierten el proceso interno de aceptación en una batalla más ardua de lo que debería. Aun así, quiero que sepas que no es imposible.

Para muchos de nosotros, este camino de autoaceptación es un viaje que dura toda la vida, y que tiene que adaptarse a todas las dificultades que nos esperan y a todos los cambios que iremos viviendo a medida que vayamos envejeciendo y creciendo como personas. Puede sonar desalentador, pero también hay belleza en ello: las personas nunca somos un «producto acabado», evolucionamos a cada segundo y creamos nuevas versiones de nosotros mismos continuamente.

CAPÍTULO 20

Marcar límites

Cuando hablamos por primera vez de límites en el capítulo 11, vimos cómo marcarlos podría ser beneficioso para nosotros, pero que algunas personas de nuestro entorno quizá se resistan a ellos y no respondan como queremos a lo que les pedimos. Ahora es el momento de explorar diferentes maneras de establecer límites efectivos para liberarnos de la carga que supone recibir mensajes y juicios constantes sobre nuestro cuerpo o nuestro peso.

Si eres una persona complaciente o has crecido con la idea de que eres responsable de gestionar las emociones de los demás, además de las tuyas, sé que establecer límites te va a sacar de tu zona de confort y puede que incluso te dé miedo.

Los límites son un tema complicado. Nunca podemos saber cómo reaccionará la otra persona, la que recibe el límite. Además, si la gente de tu alrededor no está acostumbrada a que se los pongas, seguramente se sorprenda y puede que incluso lo sienta como un ataque personal y se ponga a la defensiva. No pasa nada. Solo porque otras personas crean que no debas tenerlos o que, si los marcas, tienen que ser muy laxos, no significa que tengan razón y que debas seguir tragándotelo todo y aguantar.

Para establecer límites necesitas saber lo que quieres. En capítulos anteriores hemos comentado el ejercicio de cambiar los *debería* por *podría* o *querría*, y esto también puede ayudarte a la hora de averiguar qué límites te gustaría poner, ya que te permitirá ver qué es lo que quieres y lo que necesitas. Si te cuesta identificar los límites que necesitas marcar o lo que quieres cambiar de las situaciones que te hacen sentir molesto o incómodo, te sugiero escribir o aclarar lo que quieres. De hecho, te animo a que hagas una lista con lo que deseas y lo que no, para que así te quede más claro hacia dónde quieres ir y de dónde te quieres alejar. Por ejemplo, puedes combinar estas dos perspectivas y crear algo parecido a esto: «No quiero que la gente haga comentarios sobre lo que como cuando estamos en la mesa» y «Quiero tener conversaciones más variadas e interesantes mientras cenamos». O puedes combinar un deseo: «Quiero que mi hija crezca con una imagen corporal positiva» con un límite: «No quiero que mi familia haga comentarios sobre el peso de mi hija delante de ella». De esta manera no solo has creado un límite, sino que comprendes la intención que hay detrás.

Se pueden establecer límites de muchas maneras: diciendo que no, priorizándote, alejándote de amistades con las que se crea cierta competición con las dietas o dejando claro a los demás cómo quieres que te traten. Para mí es importante prepararse y ensayar este tipo de situaciones para desarrollar la seguridad necesaria cuando el momento llegue. Voy a ofrecerte un par de escenarios, ejemplos y posibles respuestas que podrías recibir y cómo gestionarlas. Tómate estas plantillas como un primer paso para ganar confianza y luego, con el tiempo, podrás ir modificándolas y personalizándolas para que encajen más contigo.

Decir que no

«No» es una frase completa. Es un cliché, pero es verdad. Es una palabra que nos cuesta mucho decir sin acompañarla de un montón más. Si alguien me ofrece algo que no quiero, le diré amablemente: «No, gracias, no hace falta». Cuando alguien me invita a hacer algún plan, quizá le conteste: «Gracias por pensar en mí, pero no voy a poder ir» o «Vaya, qué pena, no puedo». Fíjate que todas estas opciones, por lo general, son respuestas educadas, y que, en realidad, no incluyen un motivo real ni una justificación. No tienes que dar explicaciones a nadie si no quieres. Incluso alguna vez he dicho: «Lo siento, ese día ya tengo planes», aunque el plan en realidad sea quedarme tirada en el sofá viendo Netflix porque soy una persona introvertida y conozco mis límites en lo que respecta a las interacciones sociales. Es verdad, tengo otros planes, el hecho de que no incluyan a otras personas no le incumbe a nadie más que a mí. No siento la necesidad de dar explicaciones a nadie, porque la verdad es que no quiero abrir una discusión ni un debate.

Como profesional de la salud, suelo verme en situaciones en las que la gente me quiere hablar de la dieta que hace o de los «pecados» que comete. Además, a las personas les encanta preguntarme qué me parece tal dieta o tal gurú del bienestar, qué opino de un libro o de un documental que ha salido hace poco... También me suelen pedir que haga mi trabajo de manera gratuita. Por ejemplo, un día, estando en el dentista con la boca abierta, me preguntó qué le recomendaba para la hinchazón o que si creía que debía dejar de comer gluten. La verdad es que me encanta mi trabajo, pero esta parte no tanto... Y al final tengo que ir marcando este tipo de límites: «No puedo aconsejarte qué hacer sin conocerte», «No quiero que me expliques qué dieta haces», «No quiero debatir contigo si tu hermana dejó de sufrir *[inserta aquí la enfermedad de tu elección]* porque eliminó *[inserta aquí el alimento de tu elección]* o porque sigue una alimentación *[inserta aquí la dieta de tu elección]*». Ya lo ves, me paso el día con el *no* en la boca.

Si tú también quieres practicar a decir que no, puedes empezar escribiéndolo en un mensaje, ya que quizá te resulte más fácil. Antes de hacerlo, coge fuerzas, respira hondo y luego dale a «Enviar». Pero ¿qué pasa si te contestan con un «ay, vaya, y eso»? Justo lo que temías... Pues no pasa nada; te propongo un par de opciones: a mí me gusta utilizar la estrategia de la disculpa evasiva. «Ya, qué mal... ¡A ver si hay suerte a la próxima!» o «Ya, lo siento... ¡Pasadlo genial!». Suele funcionar y, además, ese tipo de frase le hace entender a la otra persona que no quiero dar más explicaciones.

Conversaciones sobre la comida, las dietas y el cuerpo

Cuando estás en recuperación después de haber sufrido un trastorno de la conducta alimentaria, una alimentación desordenada, has hecho dieta de forma crónica o has tenido problemas con tu imagen corporal, puede ser muy difícil estar en un entorno donde se habla de comida y dietas, ya sea en casa, en el trabajo o con los amigos. Quizá en algún momento de tu vida has participado en estas conversaciones, pero ahora te incomodan porque has cambiado la manera en la que te relacionas con la comida y no quieres dedicar tu tiempo ni tu energía a este tipo de pensamientos. Aun así, ahora te ves en una situación en la que la gente de tu alrededor te habla de dietas, te hace comentarios sobre lo que comes, lo que pesas o tu imagen, y no quieres eso, así que decides cambiar. Es hora de establecer límites.

Para mí, la manera más sencilla de poner límites es simplemente decir: «Por favor, deja de hacer comentarios sobre mi peso o lo que como». Es una demanda clara y sencilla. En un mundo ideal, la otra persona aceptará el límite y lo respetará, pero sabemos que la gente a veces no reacciona tan bien y se puede poner a la defensiva.

Respuesta defensiva: «Vale, no hace falta ponerse así. Tampoco es para tanto».

Tu respuesta: «Quizá para ti no es muy importante, y lo entiendo, pero te lo estoy pidiendo porque para mí sí lo es».

O...

Respuesta defensiva: «No entiendo por qué te importa».

Tu respuesta: «No hace falta que lo entiendas, solo te pido que respetes mis necesidades».

Quizá haya momentos en los que te falten las fuerzas o la seguridad para marcar un límite a alguien; por ejemplo, si estás con un grupo de personas y prefieres hablarlo con esa persona más tarde, cuando estéis a solas. En ese tipo de situaciones, creo que el truco de cambiar de tema funciona muy bien.

Comentario: «¡Has engordado!».

Cambio de tema inmediato: «También me he comprado un sofá nuevo».

La gente no suele esperar este tipo de respuestas, sobre todo si está acostumbrada a que tú (y el resto del mundo en general) aceptes el comentario y empecéis a hablar de tu cuerpo, así que, presionada por las normas sociales, lo normal es que acepte el cambio de tema y te comente algo sobre el sofá.

Posible respuesta: «Ah, muy bien, pero te lo decía porque me he preocupado al ver que habías engordado. ¿Estás bien?».

Vuelve a cambiar de tema: «Pues a mí me preocupa más el sofá. ¿No crees que es lo que le faltaba a la habitación?».

Por mi experiencia, la gente suele darse por vencida cuando ve que cambias de tema dos veces seguidas para evitar que la situación se vuelva más incómoda. Lo importante es que muestres una actitud tranquila y segura, y que sonrías con amabilidad, así tienes muchas papeletas para conseguir reconducir la conversación hacia donde quieras.

Recuerda: si todo lo demás falla, siempre puedes disculparte e ir al lavabo un momento para respirar un poco y volver a calmarte; lo más seguro es que, cuando vuelvas, la conversación ya se haya terminado. Si ves que la gente de tu entorno no deja de hablar de dietas y no te afecta demasiado, el silencio también es una buena técnica; limítate a quedarte al margen. Con el tiempo, los demás se darán cuenta de que no participas en esas conversaciones y, además, así te proteges de tener que invertir energía en algo que no te hace bien. Muchas personas me han dicho que esta estrategia es un buen punto de partida, ya que les da cierta seguridad sentir que el proceso es progresivo: pasan de participar en las conversaciones a callarse y, luego, cuando ganan confianza, pueden expresarse y marcar sus límites. Además, el silencio puede hacer que los demás se den cuenta de que hacer comentarios que no vienen a cuento sobre los cuerpos de otras personas no es aceptable, y que el cuerpo de una persona no va a cambiar por mucho que la señalen o humillen.

Una ayuda inútil

La gente suele tener buenas intenciones y responde bien cuando se las reconoces. Tener esto en cuenta me ha ayudado cuando he tenido que marcar límites después de que alguien me diera consejos, aunque no se los hubiese pedido. Por ejemplo: «Sé que me lo dices porque quieres ayudarme, pero la verdad es que a mí esto no me ayuda» es mi respuesta habitual, ya que le hago saber a la persona que veo su buena intención y a la vez le dejo claro que se ha equivocado al dar por sentado que su comentario me iba a aportar algo. Por lo que he visto, aunque la gente puede sorprenderse en el momento, a veces agradece entender mejor lo que puede hacer o no para ayudarte. El escenario ideal es que te pregunten: «¿Qué necesitas?» o «¿Cómo puedo ayudarte?».

Esto pone de relieve un aspecto esencial de los límites. Cuando trabajamos con ellos no se trata solo de decir «no» a la gente y explicar lo que no puede hacer, se trata de mostrarles cómo tratarnos mejor y con el respeto que merecemos. Establecer límites es una muestra de amor y de cuidado que confirma la implicación que sientes con la relación y con la otra persona; al poner límites le estás diciendo que te importa lo suficiente como para invertir tu tiempo y esfuerzo en proteger vuestro vínculo, en trabajar en él y en señalar los puntos que pueden pulirse para mejorar.

Límites emocionales

Una de las mayores lecciones que me ha dado la vida fue sobre los límites emocionales, al aprender a diferenciar entre mis emociones y las de los demás. Cuando hacemos nuestras las emociones de otros, acabamos con una carga enorme que no nos pertenece y que nos va lastrando. Nuestras emociones son nuestra responsabilidad y ya nos dan suficiente trabajo, no necesitamos ponernos más peso encima, te lo aseguro. Quiero dejar claro que con esto no quiero decir que no podamos ser empáticos: cuando empatizas con alguien lo que haces es sentir tus emociones, no las de la otra persona.

Hay dos razones principales por las que las personas solemos acabar desarrollando límites emocionales muy débiles: la primera es que, desde muy pequeños, nos han enseñado que es nuestra responsabilidad o incluso nuestro deber hacernos cargo del dolor de los demás; y la segunda es que alguien, sin darse cuenta (con un poco de suerte), haya activado alguna de nuestras inseguridades.

Construir límites emocionales más fuertes también podría describirse como no tomarse las cosas de manera personal cuando no nos afectan directamente. Este trabajo comienza como un proceso interno cuando nos preguntamos: «¿De quién es esta emoción?». Si alguien dice en voz alta que tiene que ir al gimnasio después de una comida copiosa, y tú te sientes culpable, avergonzado o de repente incómodo con tu cuerpo, ¿qué es lo que está pasando? Recuerda que esta persona no está hablando de ti, sino de sí misma, y no es tu responsabilidad asumir su actitud desordenada hacia la comida y el ejercicio físico. Sus palabras no tienen nada que ver contigo y solo tendrán poder sobre ti si lo permites.

Si en esta situación que he descrito te viene el pensamiento: «Pero si piensa así de ella misma, ¿qué pensará de mí y de mi cuerpo?», haz una pausa y respira. Intentar leer la mente a la gente no sirve de nada y lo único que conseguiremos por esa vía es entrar en un bucle infinito de posibilidades inventadas, en vez de centrarnos en lo que de verdad se ha dicho. ¿La persona ha comentado algo sobre ti? No. Pues deja de asumir su carga, no es la tuya.

Se acabó complacer a la gente

Si eres una persona complaciente con los demás, es probable que hayas experimentado el desahogo emocional: las personas puede que se hayan acostumbrado a esperar y dar por sentado que siempre vas a estar disponible para escuchar sus problemas porque siempre das prioridad a los demás. Saben que cogerás el teléfono, dejarás lo que estés haciendo o responderás rápidamente a su mensaje y escucharás hasta que se desahoguen. Ser la persona que recibe todo este peso puede resultar agotador, sobre todo si ocurre a menudo y sin aviso.

Ha llegado el momento de aprender a poner límites. Si tienes un amigo o una amiga que no deja de contarte sus penas y preocupaciones, escríbele un mensaje similar a este: «Valoro muchísimo nuestra amistad y quiero darte mi apoyo mientras pasas por esto. Por eso necesito que, antes de llamarme o contarme algo, me preguntes si tengo la capacidad emocional de escucharte en ese momento. Te prometo que te responderé con sinceridad».

Para que esto funcione, tanto tú como tu amigo o la otra persona tenéis que estar de acuerdo con esta premisa. Él tiene que responsabilizarse de hacerte la pregunta, y tú tienes que ser fuerte y responder con sinceridad. Si siempre le dices que sí, aunque la verdadera respuesta sea un no, el límite no sirve de nada y la situación no cambiará. Te aseguro que tu *sí* significará muchísimo más cuando seas capaz de decir que no.

¿Quién te está influenciando?

Los límites no están ahí solo para decirle que no a la gente o pedirle que deje de hacer algo, su función también es controlar quién tiene acceso a ti. Otra manera de mirarlo sería: «¿A quién le das poder para influir en ti?». Las redes sociales se llevan una gran parte de la culpa en este tema, y, por suerte, es la fuente más fácil de controlar y cambiar, ya que tú decides a quién seguir y qué contenido quieres ver. Si te empiezas a sentir mal con tu cuerpo mientras vas pasando fotos de mujeres en bikini y vídeos sobre «lo que como en un día», lo mejor es que no sigas desplazándote por la pantalla. Deja de seguir esas cuentas y elige con conciencia lo que de verdad quieres ver en tu canal de contenidos. Si tienes un montón de libros de dietas que ya no usas en casa y no quieres verlos en las estanterías, dónalos. Si alguien te deja comentarios críticos en las fotos de comida que publicas en tus redes, siléncialo. Estos son pequeños pasos que puedes dar, que suman y que te ayudarán mucho si tienes en cuenta las veces que pasas por delante de esos libros cada día o el rato que le dedicas a las redes. Estos cambios te ayudan a marcar límites y a controlar quién tiene acceso a ti, a quién le das el poder de ejercer influencia sobre ti.

Para establecer límites necesitamos valor y vulnerabilidad, lo que resulta bastante difícil cuando, durante toda tu vida, te han dicho que tus necesidades, tus deseos y tus sueños no son tan importantes como los de los demás. Tus necesidades sí importan, te mereces priorizarte y lo que tú quieres importa. Como suele pasar con todo, cuanto más practiques los límites, más soltura cogerás y mejor será tu vida, porque las personas que se queden a tu lado serán las que te respetan, no las que solo quieren usarte y saben que pueden hacer contigo lo que quieran.

CAPÍTULO 21

Construir una identidad y un sentido

Cuando hablamos de mejorar la relación que has construido con la comida y con tu cuerpo, todo el trabajo se reduce a una sola cosa: cuando tu mente deja de dedicarle tanto tiempo y energía a pensar en la comida y en tu cuerpo, puedes empezar a centrarte en los aspectos más increíbles e importantes de tu vida. En el momento en el que la comida no te quita el sueño y dejas de pensar en tu cuerpo a cada segundo, ¿qué más podrías ofrecerte a ti y al resto del mundo? ¿En quién podrías convertirte?

Muchas de las personas que se pasan su adolescencia haciendo dieta o desarrollan problemas con la alimentación desordenada no viven el proceso de construcción de su identidad en esa etapa psicológica de sus vidas. La obsesión por la comida quizá se convirtió rápidamente en una «isla» de tu identidad, por lo que, cuando empezaste un proceso de recuperación y a mejorar tu relación con la comida, quizá sentiste que perdías una parte importante de quien eras. Ese puede ser un golpe muy duro y es uno de los motivos por los que la recuperación puede ser tan difícil; de alguna manera, tienes que volver a encontrarte, así que te toca sentarte y descubrir qué otras partes te dan forma como persona.

Lo que acabo de explicar no solo les pasa a quienes han sufrido trastornos de la conducta alimentaria y problemas con su imagen corporal; la gente suele transitar algo parecido cuando se divorcia o pierde a su pareja después de haber estado décadas juntos, ya que en ese momento se ve obligada a descubrir quién es sin esa persona. También les pasa lo mismo a las personas que tienen una ruptura difícil en un momento importante de sus vidas, a quienes descubren que son adoptados y quien pierde su trabajo o se jubila. Los cambios grandes que trastocan nuestras vidas nos brindan la oportunidad de pararnos a reflexionar y preguntarnos: «¿Quién soy sin esta persona o sin esto que he perdido?».

La gran pregunta, «¿quién soy yo?», nos intimida bastante, así que antes de lanzarnos a ella así de golpe, me gustaría guiarte para que hagamos un recorrido por lo que es la identidad. Cuando pienso en este concepto, a mí me gusta imaginarme una serie de círculos concéntricos; el círculo que hay en el centro representa tu esencia más pura, la respuesta más concreta y precisa a la pregunta de quién eres. Así pues, empecemos de fuera hacia dentro y, poco a poco, iremos abriéndonos camino hasta llegar al centro.

¿Qué tengo en esta vida que me importe?

Para empezar, me gusta preguntar a mis clientes: «¿Qué tienes en tu vida?». Creo que es más fácil y menos contundente decir *tengo* que *soy*, y, además, esta respuesta también te puede ayudar a ver y ser más consciente de lo que ya tienes y es importante para ti. En mi caso, tengo una gran colección de plantas en mi casa, son una gran parte de lo que hace de ella mi hogar. Tengo mi trabajo, a mi familia y mi gata... Y podría seguir con la lista de qué me importa.

Haz una lista con todo lo que se te ocurra, da igual lo grande o lo pequeño que sea. Si te importa, escríbelo. Seguramente, cuando la vayas rellenando, te darás cuenta de que hay cosas que te importan más y otras menos. ¿Cómo te sentirías si te las quitaran? ¿Sin cuáles no podrías vivir? ¿Cuáles crees que no valoras tanto como te gustaría?

¿A qué dedico mi tiempo?

Una vez que tengamos la lista de cosas que te importan, quiero que te pares un momento a pensar a qué dedicas tu tiempo. ¿Qué te hace feliz?

Si te cuesta responder porque la comida o las dietas se han convertido en parte de tu identidad hasta tal punto que todo lo demás está muy borroso, no pasa nada. En este proceso en el que estamos redescubriendo nuestra identidad, puede ser útil echar la vista atrás a «tiempos pasados» para pensar en lo que hacías antes para entretenerte. ¿Qué hacías para divertirte y pasar un buen rato antes de que desarrollaras un trastorno de la conducta alimentaria o empezases a hacer dieta, o antes de que te pasaras el día trabajando hasta las tantas o que entraras en conflicto con tu imagen corporal y esto te impidiera hacer aquello que te hacía sentirte bien? Con esto no quiero decir que tengas que volver a hacer cosas que no te apetezcan o que ya no te gusten, simplemente quiero que te lo plantees como una posibilidad, una fuente de inspiración, si sientes que la comida es lo que ahora ocupa todo tu espacio mental. Genevieve desarrolló un trastorno de la conducta alimentaria en los primeros años de su adolescencia y cuando la conocí había empezado y dejado tres carreras diferentes porque no era capaz de decidir qué quería hacer con su vida. Era una señal de que su proceso de recuperación iba en la dirección correcta, ya que la había hecho conectar con el gran vacío de identidad que su mejora conllevaba. En ese punto, no sabía quién era sin el trastorno, pero, cuando le pregunté que la hacía feliz antes, me dijo que le gustaba montar a caballo, hacer pasteles e ir al cine. Así pues, decidimos que Genevieve iría intentando reconectar con estas aficiones de una en una, para ver si alguna le seguía gustando y la hacía sentir bien. Finalmente, consiguió conectar con las tres y redescubrió una parte de sí misma que había estado apagada durante todos esos años en los que había sufrido por culpa de una conducta restrictiva. El gráfico de sectores de su identidad cambió radicalmente, ya que donde antes había un único sector dedicado al trastorno de la conducta alimentaria que no dejaba espacio para nada más, ahora se mostraba una variedad de sectores: uno para la equitación, otro para el cine, otro para las amistades y otro para la diversión. De esta manera, al echar la vista atrás para ver cómo era su vida antes, conseguimos ampliar su gráfico y lo fortalecimos enriqueciéndolo con más cosas.

¿Cómo dibujarías tu gráfico de sectores teniendo en cuenta a qué dedicas tu tiempo? ¿Qué te parece si lo comparas con tu versión ideal? Si no acabas de verlo muy claro, te invito a que te sientes un rato y pienses si hay algo que te apetezca probar o explorar para ver si te gusta y pudiese acabar formando parte de tu gráfico de identidad.

¿Cuál es la función de mi cuerpo?

Esto enlaza muy bien con uno de los componentes esenciales para construir una imagen corporal positiva: el propósito del cuerpo. En otras palabras: «¿Qué otro propósito tiene mi cuerpo, además del meramente estético?». Mi cuerpo me permite perseguir y alcanzar mi propósito en la vida, que es ayudar a las personas con el trabajo que hago. Puedo hacer mi trabajo gracias a que tengo un cuerpo que me permite estar presente, hablar con mi voz, sonreír con amabilidad y gesticular cuando hablo, y, además, la conexión que tengo con él me permite dar un ejemplo a mis clientes. Gracias a mi cuerpo puedo abrazar y cuidar a la gente que me importa más en este mundo, y también a mi gata, además de viajar por el mundo y vivir nuevas y emocionantes aventuras. Y mi aspecto físico tiene poca o nula relevancia en todo eso, y eso es lo que quiero hacerte ver.

Ahora te toca a ti: ¿qué propósito cumple tu cuerpo más allá del estético?

¿Cómo me describiría la gente más cercana?

Una vez que te hayas parado a explorar los puntos de los que hemos estado hablando, quiero que busquemos otra perspectiva a esta investigación de autoconocimiento con la pregunta «¿Cómo te describirían tus amigos?». Puedes preguntárselo directamente, lo importante es que te creas sus palabras y no cuestiones sus respuestas. Si no quieres hacerles la pregunta, intenta planteársela a alguien cercano en quien confíes, alguien que te vaya a decir la verdad y se pueda abrir contigo.

Hay gente que incluso da un paso más allá y pide a un amigo íntimo o a un familiar que escriba la elegía que leería en su funeral. Sé que puede sonar un poco macabro, pero va muy bien para centrarte en los aspectos más importantes que la gente recordará de ti. Otro punto a favor de este método es que nadie suele decir cosas negativas de una persona fallecida: este tipo de reflexión o escrito se centra en los rasgos positivos y los logros de la persona, y obliga a poner el foco en esas partes que forman parte de ti.

Intentar verte a través de los ojos de otras personas quizá te ayude a observarte con una mirada más amable y más objetiva, en vez de analizarte a través de la lente de niebla tóxica de tu voz crítica. Al fin y al cabo, tiene que haber buenas razones por las que la gente te aprecia y decide pasar tiempo contigo. Si aun así te cuesta encontrar cosas buenas, siempre puedes pedirle a un amigo o una amiga, a tu pareja o a alguna persona de tu confianza que escriba algo sobre ti y luego pulirlo un poco para ponerlo con tus palabras.

¿Cuáles son mis valores?

Ahora que hemos avanzado y profundizado para llegar al centro de quién eres, es el momento de que nos detengamos para reflexionar sobre tus valores. Nuestros valores esenciales son los que nos dicen qué es lo más importante para nosotros. Cada persona tiene los suyos, porque cada una tiene una opinión diferente de lo que es más importante en esta vida. Por lo general, los valores se describen con una sola palabra y pueden ser conceptos como *amabilidad, sinceridad, crecimiento, amor, lealtad* o *compasión*, pero también pueden ser ideas más concretas como *familia, amistad* o *salud*.

Identificar cuáles son tus valores esenciales te ayuda a ver con más claridad lo que realmente te importa y puede servirte de guía en momentos en los que tienes dudas para tomar una decisión. Cuando construimos una vida más en sintonía con nuestros valores, solemos sentirnos más satisfechos y sufrimos menos. En cambio, cuando llevamos una vida que choca con nuestros valores o se aleja mucho de ellos, puede que sintamos malestar interior e insatisfacción. Invertir un tiempo para descubrir cuáles son nuestros valores y si son coherentes con la vida que llevamos nos brinda la posibilidad de identificar qué aspectos podemos mejorar y buscar maneras de solucionar los puntos que no acaban de encajar, con la intención de mejorar nuestras vidas y hacérnoslas más fáciles.

Si te apetece indagar un poco más en el tema, te animo a que te preguntes: «¿Qué valoro en esta vida?» teniendo en cuenta las propuestas que te hago a continuación. Si no estás seguro de si algo es un valor, intenta completar la frase: «Valoro...» y a ver si te suena bien. Por ejemplo: «Valoro la amabilidad, valoro la familia».

Valores

Lee con atención esta lista y tacha los conceptos menos importantes para ti, los que te parezcan menos relevantes, hasta que solo te queden diez. Intenta no dar demasiadas vueltas, que sea un proceso más bien instintivo. Escribe en otra hoja tus diez valores y deshazte de la mitad para quedarte con los cinco más importantes. Ya estamos en el punto final, ahora tienes que intentar elegir los tres valores esenciales, los que son más importantes para ti en tu vida.

Si este paso te cuesta mucho, pregúntate qué es importante para ti en diferentes aspectos de tu vida; por ejemplo: «¿Qué valoro en el trabajo? El dinero. ¿Qué valoro del dinero? Las oportunidades que me ofrece». Entonces la oportunidad se queda y puedes tachar el dinero. «¿Qué valoro de mis amistades? Valoro la sinceridad». Y así sucesivamente.

Intenta no dar demasiadas vueltas, no racionalices tus decisiones ni uses afirmaciones que comiencen con un *debería*. Tienes que tachar muchas opciones para quedarte solo con las fundamentales, pero eso no significa que no des importancia al resto, sino que simplemente, en una escala, unas están por debajo de otras. No hay respuestas correctas ni incorrectas, tú eliges y todo estará bien. Los tres valores que te queden finalmente son parte de tu identidad. De hecho, diría que están muy cerca de encarnar la persona que eres. Personalmente, yo solo me siento cómoda compartiendo mis valores esenciales con las personas más cercanas a mí, porque los siento como algo muy íntimo y muy significativo, pero siempre les digo a mis clientes que no tienen por qué decírmelos a mí si no lo desean.

Abnegación	Eficiencia	Naturaleza
Afecto	Empatía	Objetivos
Alegría	Entendimiento	Oportunidad
Amor	Entusiasmo	Optimismo
Aptitud física	Equilibrio	Orden
Autenticidad	Esperanza	Originalidad
Autorrealización	Espontaneidad	Pertenencia
Aventura	Estabilidad	Preparación
Belleza	Ética	Propósito
Bondad	Éxito	Prudencia
Carrera profesional	Exploración	Raciocinio
Coherencia	Familia	Rectitud
Compasión	Fe	Resiliencia
Competitividad	Fiabilidad	Respeto
Compromiso	Fidelidad	Responsabilidad
Comunicación	Fortaleza	Retos
Comunidad	Generosidad	Salud
Concentración	Gratitud	Sanación
Conciencia	Honestidad	Satisfacción
Conexión	Honor	Seguridad
Confianza	Humildad	Serenidad
Conocimiento	Idealismo	Servicio
Consideración	Igualdad	Sinceridad
Control	Independencia	Solidaridad
Creatividad	Ingenio	Templanza
Crecimiento	Ingenuidad	Tolerancia
Credibilidad	Intuición	Trabajo duro
Cuidado	Justicia	Trabajo en equipo
Determinación	Lealtad	Tradición
Dinero	Libertad	Verdad
Disciplina	Liderazgo	Visión
Disfrute	Logro	Vitalidad
Diversidad	Maestría	
Diversión	Mérito	

Una vez que hayas identificado los tuyos, podemos pasar a la siguiente pregunta: ¿sientes que tu vida refleja y está en sintonía con estos valores? Plantéate esta pregunta en el contexto de tu trabajo o formación, tu tiempo libre, tus relaciones con los demás y tu relación contigo mismo. En este último punto —en la relación con nosotros mismos— es donde muchas personas descubrimos que no vivimos de acuerdo con nuestros valores. Quizá demuestras una actitud compasiva en el trabajo, puede que te hayas apuntado a un voluntariado en tu tiempo libre y que trates con compasión a tus amistades y familia, pero ¿qué pasa cuando te toca poner en práctica la autocompasión? Si después de esta exploración te das cuenta de que tu vida no está tan alineada como pensabas con tus valores, hay una gran oportunidad de acercarte a ellos mostrándote compasión. Creo que esta puede ser la motivación que les falta a muchas personas para practicarla, ya que la idea de ser compasivas y amables consigo mismas y tratarse con amor les incomoda bastante fuera de este contexto. Te pongo otro ejemplo: la confianza. Si reprimes tus emociones, si no tienes confianza en ti ni en tu cuerpo, e ignoras las señales que este te envía para avisarte de que necesita comida, no estarás respetando el valor esencial que representa para ti la confianza.

Sin duda, nuestros valores pueden cambiar con el tiempo, dependiendo del momento de la vida por el que estemos pasando. En la infancia, quizá para ti lo más importante fueran la aventura y la fiabilidad; cuando pasaste a la adolescencia, quizá tus valores fueran el sentimiento de pertenencia y la confianza; cuando tienes hijos, puede que tus valores pasen a ser la familia y el compromiso; y más tarde, a lo mejor, le das más importancia a la comunicación y la seguridad. Si atraviesas una etapa en la que se da un cambio o un crecimiento muy grande en tu vida, puede ser muy buena idea volver a sacar esta lista y ver con cuáles te quedas esta vez. El cambio forma parte de lo que significa ser humano, por lo que es evidente que nuestros valores también lo harán.

¿Qué sentido tiene mi vida?

Los caminos que recorremos cuando queremos dar sentido a nuestras vidas y descubrir nuestra personalidad suelen ser muy parecidos, o al menos se cruzan en diferentes puntos. ¿Por qué? Pues porque el hecho de adquirir un mejor entendimiento de quiénes somos y de lo que es más importante para nosotros (nuestros valores) nos facilita dar un sentido a nuestras vidas y dirigirlas en una dirección concreta.

Si eres una persona religiosa o espiritual, ¿crees que un poder superior da sentido a tu vida? ¿Qué haces para descubrir cuál es? El sentido puede estar relacionado con la religión y la conexión con algo más grande que uno mismo, lo cual puede ofrecerte una sensación de paz increíble y también puede ayudar a alejarte de los problemas con la comida y tu cuerpo. La verdad es que no soy religiosa, pero me cuesta creer que tu dios (o tus dioses) decidiera que el mejor propósito que podía dar a tu existencia fuera obsesionarte con tu peso, que te pasaras la vida haciendo dieta o que odiaras tu cuerpo.

Si eres una persona atea, como yo, el sentido puede ser algo que nace en tu interior y que se construye. Para mí, el propósito de mi vida y el sentido que creo en ella no es algo que me viene dado, sino que lo elijo yo. Personalmente, mi trabajo le da mucho sentido a mi vida, ya que me permite ofrecer a mis clientes las herramientas para que puedan hacer los cambios que desean con tanto anhelo en sus vidas. El sentido de nuestras vidas puede cultivarse a través de nuestras relaciones, de la familia, de crear un sentimiento de que dejamos un legado o hacemos del mundo un lugar mejor del que encontramos.

¿Qué es lo que crees que da sentido a tu vida ahora mismo? Para descubrirlo da igual el tipo de creencias que tengas, se trata de un proceso de descubrimiento que también puede cambiar con el tiempo. Recuerda que tus valores esenciales pueden servirte de brújula para alcanzarlo o identificarlo.

¿Quién soy?

Por el momento, te he planteado las siguientes preguntas:

- ¿Qué tienes en tu vida que sea importante para ti?
- ¿A qué dedicas tu tiempo?
- ¿Cuál es el propósito de tu cuerpo?
- ¿Cómo te describirían las personas de tu círculo íntimo?
- ¿Cuáles son tus valores?
- ¿Qué da sentido a tu vida?

Ahora que tienes las respuestas a todas ellas, si las unes, estarás más cerca de responder a la pregunta que te hacía al principio: ¿quién eres? Quizá aun así no consigas una respuesta definitiva, una que exprese toda tu identidad, pero sin duda será suficiente para satisfacer tus necesidades. Llegados a este punto, ahora sabes qué es importante para ti, tu gráfico estará dividido en diferentes sectores que enriquecen tu vida (o estarás trabajando en ello) y verás que tu propósito en la vida va más allá de controlar tu imagen y lo que comes. Como mínimo, el concepto de *identidad* que tienes ahora es más amplio y más complejo que el de «persona que hace dieta», «persona sana» o «persona que tiene un trastorno de la conducta alimentaria», y eso ya te ofrece una base más sólida desde la que construir y que te hace sentir menos vulnerable a la influencia de los demás.

Aquí es donde residen tu poder y tu valía de verdad. No depende de la talla de la ropa que llevas, ni de cuánto hayas comido, sino de lo que eres capaz y de la abundancia que hay en tu vida una vez que te das el espacio para crecer y florecer. El objetivo no es solo construir una relación más saludable con la comida, lo que importa realmente es lo que harás después con eso. Este último paso será el que te haga feliz de verdad.

CAPÍTULO 22

Crear un vínculo saludable con la comida

Ayudo a las personas a construir andamios.

Lo maravilloso y agridulce que tiene mi trabajo, ya sea el que hago en mis sesiones o gracias a este libro, es que mi presencia es temporal, y debe ser así, si no, no lo estaría haciendo bien. Mi papel es facilitarte tu crecimiento y aprendizaje para prepararte y que sientas que tienes las herramientas necesarias para afrontar los retos que te presente la vida, y que poco a poco cada vez te sea más fácil.

Es verdad que estamos en la parte final del libro, pero en realidad el camino no ha hecho más que empezar.

En este punto, me gustaría volver a mencionar a las personas cuyas historias has leído en los capítulos anteriores, ya que cada una de ellas decidió en algún momento que había llegado la hora de dar el paso para construir una relación más saludable con la comida y consigo misma. Eso es algo que no puede forzarse: cada una de ellas sintió que estaba preparada en su momento y no antes. Jemima consiguió volver a tener citas para conocer gente y ya no cree que necesite cambiar su cuerpo para que alguien la quiera; Xena ha ido poniendo límites a diestro y siniestro, y lo celebra cada vez que otras personas los respetan; ahora Pietro se acepta tal y como es; Carla ya no se siente como un robot; Ethan es capaz de expresar su enfado de una manera constructiva, aunque a veces le pueda dar miedo; Roger ya no cree que lo que vivió fuese por su culpa, y es capaz de detectar y describir cómo se siente cuando alguien le pregunta; Hazel está empezando a priorizarse, aunque no ha sido un camino de rosas, y Lara ha visto que su identidad va más allá de la comida, está avanzando en su proceso de autodescubrimiento y disfrutando de él. Todas estas personas han vivido experiencias diferentes, todas se han atrevido a hacer el arduo trabajo de dirigir la mirada hacia su interior y cada una de ellas está en una fase diferente de su proceso de recuperación del problema que desarrollaron con la alimentación desordenada. Espero que sus historias te hayan infundido esperanza para afrontar tu situación y la forma que tienes de relacionarte con la comida.

Cuando ya no puedes más: el paso hacia el cambio

Todos tenemos que empezar en algún momento. Todas las personas con las que hablo, incluso tú, tienen un momento en el que deciden que ya no pueden más, que quieren relacionarse mejor con la comida y consigo mismas. Este momento es poderoso. Párate y date cuenta de hasta dónde te ha llevado.

Como te he planteado muchas preguntas para que reflexiones a lo largo del libro, me gustaría aprovechar para hacer un resumen con las más importantes.

¿Dónde aprendiste a relacionarte así con la comida? ¿Dónde aprendiste a relacionarte así con tu cuerpo?

Siempre resulta más fácil tratarnos a nosotros mismos con amabilidad y compasión cuando entendemos por qué hacemos lo que hacemos. Ahora que sabes lo que te ha convertido en la persona que eres, puedes entender mejor tus vivencias y ver que hay razones válidas que explican por qué la comida es un tema complicado para ti o por qué has hecho tantas dietas, o por qué sientes tanto rechazo hacia tu cuerpo. Este grado de autoconocimiento y de conciencia puede ser doloroso, pero también muy revelador.

Saber que nos han enseñado a relacionarnos como lo hacemos con la comida, con nuestros cuerpos o con nosotros mismos en su conjunto nos ayuda a entender que lo podemos desaprender y reaprender. La versión de ti que eres ahora mismo no es inmutable. Nadie nace odiándose a sí mismo, igual que nadie nace con un problema de alimentación desordenada. Ahora ya sabes los aprendizajes que cargas a tus espaldas, así que aprovecha esta información para empezar el desaprendizaje.

¿Qué te impide dar el paso para construir una relación mejor con la comida y con tu cuerpo?

Si fuera una meta sencilla, si no hubiera barreras en tu camino, ya lo habrías logrado. Pero hay barreras, y ahora que sabes cuáles son, puedes comenzar a trabajar para ir derribándolas poco a poco y conseguir que dejen de frenar tu progreso y tu crecimiento.

¿Qué puedes hacer para acercarte más a la relación que quieres construir con la comida y con tu cuerpo?

¿Qué estrategias y recursos necesitas en tu caja de herramientas para mejorar la relación que tienes con la comida y con tu cuerpo? ¿Cuáles de las herramientas y de los ejercicios que te he enseñado te apetece probar primero? ¿Cuáles crees que van a suponerte todo un reto?

Quizá te des cuenta de que antes de empezar a explorar la rueda del hambre (en la página 161), necesitas trabajar para rebajar tu nivel de perfeccionismo (capítulo 9) y aprender a fomentar tu voz compasiva (capítulo 17), y así poder desarrollar tu conciencia interoceptiva (capítulo 14) con una actitud más amable hacia ti mismo.

Quizá descubras que te iría bien sentarte con calma para conectar con tus emociones y desarrollar tus habilidades para observar y sostener la incomodidad antes de poner en práctica y plantearte el reto de probar cualquier otra herramienta («Cómo sentarte con tus emociones», página 178).

Puede que necesites aceptar que las vivencias difíciles por las que has pasado no han sido por tu culpa, entender de qué maneras te siguen afectando a día de hoy, procesar tu vergüenza (capítulo 16), y sentir todas las emociones que surjan en torno a ello, antes de pensar siquiera en establecer límites (capítulo 20).

¿Cuál es tu historia con la comida?

La respuesta a esta pregunta lo une todo, el pasado, el presente y las posibilidades que se abren en el futuro. ¿Cómo ha sido tu historia hasta el momento? ¿Hacia dónde quieres ir con ella? ¿Te ves dando los pasos necesarios para llegar a tu objetivo? Te recomiendo que dejes todo esto por escrito para volver a leerlo más adelante, cuando hayas logrado construir la relación que quieres contigo y así recordarte lo lejos que has llegado y lo mucho que ha valido la pena.

Lo que quiero que no olvides, pase lo que pase, es esto: tener una relación saludable con la comida no significa que no vayas a recurrir a ella para gestionar tus emociones nunca más, tampoco que no vayas a saltarte ninguna comida o que nunca más vayas a comer algo de lo que luego te arrepientas, o que no vayas a tener días en los que no te guste tu cuerpo. Todo eso va a pasar por el simple hecho de que eres una persona; lo que sí va a cambiar será la frecuencia con la que sucede y tu manera de gestionarlo cuando ocurra.

Tener una relación saludable con la comida y con tu cuerpo significa que comerás atendiendo a las señales que te envía tu cuerpo para avisarte de que tiene hambre y, otras veces, que lo harás por aburrimiento o porque alguien te ha ofrecido algo con una pinta buenísima. También significa que dejarás de comer cuando te notes saciado, y otras veces te pasarás, porque la comida estaba demasiado deliciosa para dejarla ahí. Significa que dispones de un amplio abanico de mecanismos y recursos para gestionar tus emociones, y que habrá veces que tirarás de la comida porque sabes que te reconforta y está ahí a tu alcance. Implica que sabrás conectar con tus emociones y que no las ignorarás ni las reprimirás, pero también reconocerás que a veces tienes que sacar un proyecto adelante y que tus emociones van a tener que esperar hasta que llegues a casa y tengas un rato para sentarte a escucharlas. Significa que te hablarás con amabilidad y que te darás cuenta cuando tu voz crítica hace de las suyas. Es saber quién eres y entender que irás cambiando con el tiempo. Es aceptar tu cuerpo por todo lo que ha hecho por ti y por lo que hará, y saber que habrá días en los que te mires al espejo y pienses: «Madre mía, menuda barriga tengo hoy...». Significa que sabes plantarte y establecer límites, y aun así mostrar una actitud abierta para que las personas que tú elijas y en las que confías puedan influenciarte. Construir una relación saludable es todo eso porque es algo flexible, adaptable y se basa en la confianza. Incluso si nunca has tenido una base así, o si la tuviste en algún momento de tu vida y la perdiste, creo sinceramente que nunca es demasiado tarde para construirla.

A medida que vayas haciendo todo este trabajo, dejarás de pensar que hay emociones buenas y malas, cuerpos correctos e incorrectos, o alimentos buenos y malos, y empezarás a distinguir los matices y la escala de grises en todos estos terrenos. Las emociones malas no existen, ni los cuerpos incorrectos, ni los alimentos malos.

Por supuesto, una de las ventajas de que tengas este libro entre tus manos y de que lo puedas guardar en tu estantería es que lo puedes volver a coger y ojearlo siempre que lo necesites, y te animo encarecidamente a que lo hagas si así lo sientes. El vínculo que tienes con la comida y con tu cuerpo va a seguir ahí hasta el final de tus días, y va a cambiar día a día, así que quizá haya momentos en los que necesites repasar algo que hayas descubierto, en los que quieras crear una práctica consciente y meditada de nuevo o recordar los beneficios que te aporta cuando la pones en marcha. Porque la vida tiene mucho más sentido cuando procesamos las vivencias traumáticas por las que hemos pasado, nuestra vergüenza y la cultura de la dieta; cuando superamos las barreras que nos frenan, y cuando aprendemos diferentes herramientas que nos permiten focalizar nuestra atención en otras cosas más allá de la comida y nuestro cuerpo.

Imagina todas las cosas que podríamos conseguir si no le dedicásemos tanto tiempo y tanto espacio mental a pensar y preocuparnos por lo que comemos o nuestro aspecto físico. Imagina cómo podríamos cambiar el mundo. Así que te pido que me prometas una cosa: cuando logres quitarte esta pesada carga de tus espaldas y de tu mente, haz algo que importe. Da igual si es algo grande o pequeño, pero haz que valga la pena.

EPÍLOGO

Buscar terapeuta o una persona experta en nutrición

Después de haber leído el libro, quizá quieras empezar un proceso terapéutico o buscar a un experto en nutrición. En ese caso, este apartado quizá te ayude a dar los siguientes pasos.

¿Qué tipo de terapia encaja más contigo?

No hay una respuesta clara y directa a esta pregunta, ya que depende del tipo de persona que seas, qué es lo que te preocupa y cómo te gustaría enfocar tu proceso de autoconocimiento y crecimiento. Es importante recordar, sin embargo, que el factor más importante para que tu proceso terapéutico o el acompañamiento nutricional vaya bien es el vínculo que se crea con el terapeuta. Para entendernos, ¿te gusta el profesional con el que estás trabajando? ¿Confías en él? ¿Te sientes cómodo en su presencia? ¿Sientes que tenéis una buena conexión? Si la respuesta es afirmativa, entonces partes de una base sólida para que todo lo demás fluya con mucha más facilidad. Si has respondido negativamente, el proceso será mucho más difícil, e incluso, en algunos casos, imposible. Encontrar al profesional con el que trabajar es un poco como buscar pareja: a veces encuentras a esa persona a la primera, pero hay otras en las que tienes que conocer a unas cuantas antes de dar con la que te sientes a gusto y quieres pasar meses o incluso años hablando de lo que te pasa.

A continuación, te voy a presentar unas cuantas modalidades de terapia diferentes para que las puedas valorar.

Psicoterapia centrada en la persona. Este tipo de terapia se centra en la experiencia que tiene la persona de sí misma, en lugar de que el terapeuta sea el experto que interpreta dice a los clientes lo que deben hacer. La terapia se centra en la relación entre el terapeuta y el cliente, y la base se construye a medida que el terapeuta enseña al cliente a desarrollar las *actitudes básicas*, como las definió Carl Rogers. Estas actitudes son la empatía (el terapeuta intenta entender el punto de vista de la persona), la congruencia (el terapeuta se muestra tal y como es, es genuino) y la aceptación incondicional (el terapeuta muestra una actitud sin juicios). Es un enfoque no directivo, un tipo de terapia en la que se anima al cliente o al paciente a que dirija la sesión, y no tanto a que lo haga el terapeuta.

Terapia existencial/humanista. La terapia existencial se centra en la ansiedad que se experimenta cuando una persona hace frente a conflictos que forman parte de la vida. Pueden ser cuestiones sobre su identidad, su propósito, el sentido de su vida, la muerte, la soledad o la libertad. Si quieres profundizar más en las grandes preguntas de la vida, este sería el enfoque adecuado para afrontar y aprender a gestionar este malestar.

Terapia psicodinámica. Este tipo de terapia se basa en los primeros principios de Freud, con los que se intenta traer la mente del inconsciente al consciente, para lo cual se trabaja con las personas para ayudarlas a transitar, sentir, entender e interpretar sus pensamientos y emociones con el fin de resolverlos. Desde esta perspectiva se entiende que guardamos sentimientos y recuerdos dolorosos en nuestro inconsciente porque son demasiado difíciles de procesar para nuestra parte consciente. Este enfoque es mucho más directivo, por lo que el terapeuta puede guiar las sesiones en algunos momentos.

Terapia cognitiva conductual. La TCC es muy popular porque está muy estructurada; es, además, el tipo de terapia que se suele ofrecer en la sanidad pública justamente por esta razón. El objetivo de la TCC es ayudarte a cambiar tus pensamientos para así modificar tu manera de actuar y de comportarte. Es un método muy directo y práctico, en el que se pide al cliente que haga actividades, prácticas o tareas entre sesión y sesión. La TCC ofrece muchas ventajas cuando nuestra manera de racionalizar y los patrones de pensamiento que seguimos presentan un impedimento para disfrutar de nuestra vida, como podrían ser el perfeccionismo o la ansiedad. Sin embargo, si lo que te lleva a buscar terapia son temas principalmente emocionales, quizá este tipo de terapia se te queda un poco coja en algunos sentidos. Muchas veces llegan a mi consulta personas que han probado la TCC para afrontar su trastorno de la conducta alimentaria y, aunque es cierto que las ha ayudado y les ha dado ciertas herramientas, sienten que no acaba de funcionar y tienen miedo de que eso las haga volver a recaer. En mi experiencia (y he hecho la formación en TCC-TCA, es decir, la especialización dentro de esta corriente para trastornos de la conducta alimentaria), se necesita un componente emocional además del cognitivo y del conductual si lo que queremos es eliminar de manera efectiva el trastorno alimentario del cerebro de una persona.

Terapia focalizada en las emociones. Desde esta rama de la terapia se considera que las emociones son esenciales para ayudar a las personas a entender el mundo y para responder de manera efectiva a los diferentes retos, demandas y situaciones que afrontaremos a lo largo de la vida. Este enfoque pone toda su atención en las emociones, como bien indica su nombre, y sugiere que hay más probabilidades de que las personas manifiesten más dificultades emocionales en su etapa adulta si en su infancia vivieron en un entorno en el que se transmitía que las emociones eran algo inaceptable e insostenible. El objetivo de este tipo de terapia es que los clientes aprendan a identificar mejor sus emociones, a ser más conscientes de ellas y a ser capaces de expresarlas de una manera más constructiva.

Terapia de aceptación y compromiso. El objetivo de esta terapia no es deshacerse de las emociones difíciles, sino aprender a estar presentes con aquello que nos traiga la vida, lo que incluye las emociones complejas, e intentar fomentar comportamientos que nos sean beneficiosos. Este enfoque terapéutico es, en muchos sentidos, la antítesis de la TCC, ya que no intentamos batallar y confrontar nuestros pensamientos ni creencias. Esta terapia se basa en los principios de la aceptación, los valores y la presencia en el momento, el distanciamiento cognitivo, la flexibilidad psicológica y la acción con compromiso. Aun así, este enfoque también es muy directivo y ofrece muchas herramientas prácticas.

Terapia de desensibilización y reprocesamiento mediante movimientos oculares (EMDR, por sus siglas en inglés). Es una terapia que, a primera vista, puede parecer un poco extraña. Esta metodología funciona principalmente a partir de los movimientos que hace el terapeuta con los dedos de izquierda a derecha para que el paciente los siga con los ojos, siguiendo unos patrones parecidos a los que se dan en la fase de movimientos oculares rápidos (REM) del sueño. Sé que suena un poco raro, pero se ha demostrado que resulta realmente efectivo a la hora de procesar traumas, sobre todo los que suceden a partir de una experiencia concreta y puntual, como un abuso o un desastre natural. En este tipo de casos, esta terapia suele ser más efectiva que un proceso verbal.

Terapia integrativa. Combina diferentes modalidades y pone en práctica las herramientas teniendo en cuenta a la persona y las necesidades con las que acude a consulta. Este enfoque es el que seguimos muchos terapeutas en la actualidad. Mi base terapéutica principal es la terapia centrada en la persona, y luego la he complementado con formaciones en TCC, ACT, terapia existencial, con un toque de principios psicodinámicos cuando lo veo necesario.

Terapia psiconutricional. Un terapeuta nutricional es un profesional experto en nutrición, normalmente registrado en la Asociación de Nutrición (en el Reino Unido) o en el Consejo de Profesiones Sanitarias y Asistenciales si es dietista, que tiene algún tipo de formación en Psicología y trabaja con trastornos de la alimentación desordenada y problemas de imagen corporal. Este título se suele ver más entre los profesionales que trabajan principalmente con el enfoque «no dieta» y sigue el plan Health at Every Size© (Salud para Todos los Cuerpos), y que pone en práctica principios que se basan en la alimentación intuitiva y deja atrás los métodos centrados en el peso. Teniendo esto en cuenta, si quieres buscar acompañamiento en este proceso y sabes que en tu historia se van a tratar componentes psicológicos y emocionales, merece la pena comprobar que el profesional con el que vas a trabajar dispone de formación en psicoterapia básica para darte el apoyo y la ayuda que necesitas.

¿Cómo encontrar dónde hacer terapia o conseguir acompañamiento?

Desgraciadamente, la terapia no es algo a lo que todo el mundo tenga acceso por mucho que me gustase que ese fuese el caso. A veces supone hacer una gran inversión económica o que te encuentres con interminables listas de espera, o que tengas que pasar por mil aros para conseguir que te asignen a un profesional con el que iniciar un proceso terapéutico a un precio reducido o de forma gratuita. En función de dónde vivas, quizá el sistema de sanidad pública te ofrezca un servicio terapéutico, o haya organizaciones benéficas o sin ánimo de lucro en tu zona, servicios escolares o universitarios, directorios en los que localizar terapeutas profesionales o quizá puedas buscar en un registro oficial (en el Reino Unido podría ser el registro BPS, el de BACP o el UCKP),* o preguntar si tu mutua privada te cubriría este acompañamiento.

Para conseguir según qué servicios, puede que te pidan demostrar que tienes ya un diagnóstico concreto, pero coméntalo con el especialista al que sueles acudir o con tu médico de cabecera. Si finalmente decides iniciar un proceso terapéutico en una consulta privada, seguramente no necesites ningún tipo de diagnóstico previo.

* En el caso de España, puede consultarse, por ejemplo, la web de la Federación Española de Asociaciones de Psicoterapeutas (FEAP), < https://www.feap.es/>. *[N. de la e.]*.

Preguntas que hacer a tu posible terapeuta o terapeuta nutricional

- «¿Qué experiencia tienes con casos relacionados con la comida y la imagen corporal?».
- «Durante el proceso, ¿vas a estipular lo que puedo comer y lo que no?». (La respuesta del terapeuta debería ser un no rotundo).
- «¿Tienes algún tipo de formación específica en nutrición e imagen corporal?».
- «¿Trabajas con un enfoque centrado en el peso o con un paradigma inclusivo?». (La respuesta debería ser la última opción).
- «¿Eres consciente del impacto que tienen el estigma del peso y la cultura de la dieta?».

Cuando logras encontrar a un psicoterapeuta o terapeuta nutricional idóneo y te comprometes con el proceso, este paso puede cambiarte la vida. Nunca es tarde para empezar y, sí, no lo dudes, lo que te remueve y lo que sientes es válido e importa. La relación más larga que vas a tener en tu vida es la que tienes contigo y con tu cuerpo, así que, si decides dar este paso para trabajar en ella, solo puedes fortalecerla y mejorarla.

RECURSOS Y OTRAS LECTURAS RECOMENDADAS

Directorios para encontrar terapias y terapeutas

Registro Sanitario de Profesionales Sanitarios: es un registro oficial del Ministerio de Sanidad, Servicios Sociales e Igualdad donde se pueden encontrar terapeutas y otros profesionales sanitarios que han obtenido su reconocimiento oficial.

<https://www.sanidad.gob.es/areas/profesionesSanitarias/registroEstatal/home.htm>

Directorio de psicólogos del Consejo General de la Psicología de España: es un directorio oficial que incluye a psicólogos colegiados en toda España.

<https://www.cop.es/index.php>

Directorio de la Federación Española de Asociaciones de Psicoterapeutas (FEAP): es un directorio de terapeutas que pertenecen a asociaciones de psicoterapia reconocidas por la FEAP.

<https://www.feap.es/psicoterapeutas>

Directorio de la Asociación Española de Terapia Gestalt: es un directorio de terapeutas Gestalt que pertenecen a esta asociación.

<https://aetg.es/directorios>

Hojas de ejercicios

Si quieres la versión en PDF de los ejercicios que hay en este libro, te animo a que entres en mi página:

<https://www.pixieturnernutrition.com/resources>

Otras lecturas recomendadas

David, Susan, *Agilidad emocional*, Sirio, 2018.
Elman, Michelle, *The Joy of Being Selfish*, Welbeck, 2021.
Gay, Roxane, *Hambre: memorias de mi cuerpo*, Capitán Swing, 2018.
Hagen, Sofie, *Happy Fat*, HarperCollins, 2019.
Roth, Geneen, *Cuando la comida sustituye al amor*, Urano, 2014.
Saunt, Rosie, y Helen West, *Is Butter a Carb?*, Little, Brown & Co., 2019.
Tandoh, Ruby, *Eat up!*, Profile, 2018.
Tribole, Evelyn, y Elyse Resch, *Alimentación intuitiva*, Obelisco, 1997.
Turner, Pixie, *The No Need to Diet Book*, Bloomsbury, 2019.
Wilson, Kimberley, *How to Build a Healthy Brain*, Yellow Kite, 2020.

AGRADECIMIENTOS

Ha llegado el momento de dar las gracias a un montón de gente maravillosa.

A todo el equipo que ha hecho posible este libro, que ha creído en él y en mí.

A mi maravillosa colega Hebe, que ha trabajado codo con codo conmigo y se ha leído el manuscrito entero por mí.

A los compañeros que estudiaron Psicología y Psicoterapia conmigo. Nunca olvidaré el sudor y las lágrimas por los que tuvimos que pasar para superar toda esa formación.

A mi increíble familia y mis fantásticos amigos, a los que valoro tantísimo.

A cada cliente que se ha puesto en contacto conmigo, ha confiado en mí, se ha abierto conmigo y ha compartido sus vivencias e historias. Sois mis mejores maestros.

Y, por último, al gran amor de mi vida, mi gata Mimi, por estar siempre ahí para darme mimitos, tanto cuando lo estaba dando todo escribiendo como cuando me bloqueaba.

NOTAS

Introducción

1. Sadalla, E., y Burroughs, J. (1981), «Profiles in Eating: Sexy vegetarians and other diet-based social stereotypes», *Psychology Today*, 15(10), pág. 51.

Capítulo 1. Prepara el contexto

1. Bongers, P., y Jansen, A. (2016), «Emotional eating is not what you think it is and emotional eating scales do not measure what you think they measure», *Frontiers in Psychology,* 7, pág. 1932.

2. Brownell, K. D., y Rodin, J. (1994), «Medical, metabolic, and psychological effects of weight cycling», *Archives of Internal Medicine*, 154(12), págs. 1325-1330.

3. Puhl, R. M., Lessard, L. M., *et al.* (2021), «The roles of experienced and internalized weight stigma in healthcare experiences: Perspectives of adults engaged in weight management across six countries», *PloS One*, 16(6), pág. e0251566.

4. Vanderbilt, D., Young, R., *et al.* (2008), «Asthma severity and PTSD symptoms among inner city children: A pilot study», *Journal of Trauma & Dissociation*, 9(2), págs. 191-207.

5. Nummenmaa, L., Glerean, E., *et al.* (2014), «Bodily maps of emotions», *Proceedings of the National Academy of Sciences*, 111(2), págs. 646-651.

Capítulo 2. Trauma

1. Mason, S. M., Flint, A. J., *et al.* (2013), «Abuse victimization in childhood or adolescence and risk of food addiction in adult women», *Obesity*, 21(12), págs. E775-781.

2. Breland, J. Y., Donalson, R., *et al.* (2018), «Trauma exposure and disordered eating: A qualitative study», *Women & Health*, 58(2), págs. 160-174.

Capítulo 3. Comida y amor

1. Mackay, P. S. E. (2014), «Psychological determinants of emotional eating: The role of attachment, psychopathological symptom distress, love attitudes and perceived hunger», *Current Research in Psychology*, 5(2), págs. 77-88.

Capítulo 5. La cultura de la dieta

1. Véase <https://publications.parliament.uk/pa/cm5801/cmselect/cmwomeq/805/80502.htm>.

2. Davis- Coelho, K., Waltz, J., y Davis-Coelho, B. (2000), «Awareness and prevention of bias against fat clients in psychotherapy», *Professional Psychology: Research and Practice*, 31(6), págs. 682-684.

3. Swift, J. A., Hanlon, S., *et al.* (2013), «Weight bias among UK trainee dietitians, doctors, nurses and nutritionists», *Journal of Human Nutrition and Dietetics*, 26(4), págs. 395-402.

4. Flegal, K. M., Kit, B. K., *et al.* (2013), «Association of all-cause mortality with overweight and obesity using standard body mass index categories», *JAMA*, 309(1), pág. 71.

5. Bacon L., y Aphramor L. (2011), «Weight science: Evaluating the evidence for a paradigm shift», *Nutrition Journal*, 10(1), págs. 1-13.

6. NIH Technology Assessment Conference Panel (1992), «Methods for voluntary weight loss and control», *Annals of Internal Medicine*, 116(11), págs. 942-949.

7. French, S. A., Jeffery, R. W., y Forster, J. L. (1994), «Dieting status and its relationship to weight, dietary intake, and physical activity changes over two years in a working population», *Obesity Research and Clinical Practice*, 2(2), págs. 135-144.

8. Véase <https://www.ipsos.com/en/global-weight-and-actions>.

9. Véase <https://www.mintel.com/press-centre/food-and-drink/brits-lose-

count-of-their-calories-over-a-third-of-brits-dont-know-how-many-calories-they-consume-on-a-typical-day>.

10. Müller, M. J., Bosy-Westphal, A., y Heymsfield, S. B. (2010), «Is there evidence for a set point that regulates human body weight?», *F1000 Medicine Reports*, 2, pág. 59.

11. Jiang, K. (2021) June, «Review on binge eating disorder: Theories, influencing factors and treatments», *2021 2nd International Conference on Mental Health and Humanities Education (ICMHHE 2021)*, Atlantis Press, págs. 586-590.

12. Fisher, J. O., y Birch, L. L. (1999), «Restricting access to palatable foods affects children's behavioral response, food selection, and intake», *American Journal of Clinical Nutrition*, 69(6), págs. 1264-1272.

13. Neumark-Sztainer, D., Bauer, K. W., *et al.* (2010), «Family weight talk and dieting: How much do they matter for body dissatisfaction and disordered eating behaviors in adolescent girls?», *Journal of Adolescent Health*, 47(3), págs. 270-276.

14. Puhl, R., y Suh, Y. (2015), «Stigma and eating and weight disorders», *Current Psychiatry Reports*, 17(3), pág. 10.

Capítulo 6. La vergüenza

1. Bayer, V., Robert-McComb, J. J., *et al.* (2017), «Investigating the influence of shame, depression, and distress tolerance on the relationship between internalized homophobia and binge eating in lesbian and bisexual women», *Eating Behaviors*, 24, págs. 39-44.

Capítulo 7. Mecanismos de defensa

1. Freud, Anna, *The Ego and the Mechanisms of Defense*, Londres, Hogarth Press and Institute of Psycho-Analysis, 1937 [trad. cast.: *El yo y los mecanismos de defensa*, Paidós, 1980].

2. Polivy, J., y Pliner, P. (2015), «"She got more than me": Social comparison and the social context of eating», *Appetite*, 86, págs. 88-95.

3. Fitzsimmons-Craft, E. E. (2017), «Eating disorder-related social comparison in college women's everyday lives», *International Journal of Eating Disorders*, 50(8), págs. 893-905.

Capítulo 8. Alexitimia

1. Brewer, R., Cook, R., y Bird, G. (2016), «Alexithymia: A general deficit of interoception», *Royal Society Open Science*, 3(10), pág.150664.

2. Mattila, A. K., Saarni, S. I., *et al.* (2009), «Alexithymia and health-related quality of life in a general population», *Psychosomatics*, 50(1), págs. 59-68.

3. Shank, L. M., Tanofsky-Kraff, M., *et al.* (2019). «The association between alexithymia and eating behavior in children and adolescents», *Appetite*, 142, pág. 104381.

Capítulo 9. Perfeccionismo

1. Curran, T., y Hill, A. P. (2019), «Perfectionism is increasing over time: A meta-analysis of birth cohort differences from 1989 to 2016», *Psychological Bulletin*, 145(4), pág. 410.

2. Nilsson, K., Sundbom, E., y Hägglöf, B. (2008), «A longitudinal study of perfectionism in adolescent onset anorexia nervosa-restricting type», *European Eating Disorders Review: The Professional Journal of the Eating Disorders Association*, 16(5), págs. 386-394.

3. Wang, H., y Li, J. (2017), «Positive perfectionism, negative perfectionism, and emotional eating: The mediating role of stress», *Eating Behaviors*, 26, págs. 45-49.

Capítulo 12. La identidad

1. Lehto, R., y Stein, K. (2009), «Death anxiety: An analysis of an evolving concept», *Research and Theory for Nursing Practice*, 23(1), págs. 23-41.

2. Véase <https://www.theatlantic.com/health/archive/2017/02/eating-toward-immortality/515658/>.

Capítulo 15. Siente tus emociones

1. Nummenmaa, L., Glerean, E., *et al.* (2014), «Bodily maps of emotions», *Proceedings of the National Academy of Sciences*, 111(2), págs. 646-651.

ÍNDICE ONOMÁSTICO Y DE MATERIAS

Nota: los números de las páginas marcados en cursiva se refieren a información que aparece en las tablas.

De este libro me quedo con...

Este libro se terminó de imprimir en los talleres
de Limpergraf en marzo de 2025.

Comer puede ser maravilloso ha sido posible gracias
al trabajo de su autora, Pixie Turner, así como de la traductora
Marta Rivilla, la correctora Teresa Lozano, el diseñador
José Ruiz-Zarco, el equipo de Realización Planeta, la directora
editorial Marcela Serras, la editora ejecutiva Rocío Carmona,
la editora Ana Marhuenda, y el equipo comercial, de comunicación
y marketing de Diana.

En Diana hacemos libros que fomentan
el autoconocimiento e inspiran a los lectores
en su propósito de vida. Si esta lectura te ha gustado,
te invitamos a que la recomiendes y que así, entre
todos, contribuyamos a seguir expandiendo
la conciencia.